KB013392

구직 대신
창직하라

구직 대신 창직하라

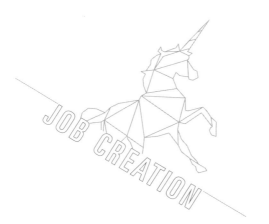

JOB CREATION

김진표 지음

매일경제신문사

우리 경제를 부흥시키기 위한
최선의 방법

서울대 법대 재학 시절 나의 꿈은 독일연방의 초대 총리였던 콘라트 아데나워 같은 인물이 되는 것이었습니다. 2차 세계대전 직후 폐허가 된 독일에서 '라인강의 기적'으로 불리는 독특한 경제발전 모델을 만든 아데나워를 우연한 기회에 알게 되면서부터입니다. 대학교 1학년 때 아르바이트로 고려대 경제학과 이창렬 교수님 댁에 입주가정교사로 들어가 그 집 자제분을 가르치며 숙식을 해결했습니다. 그런데 이 교수님 서재에는 정치, 경제, 철학 등 인문사회과학 책들이 빼곡히 꽂혀 있었습니다. 지적 호기심이 많을 때라 내가 책장을 기웃거리자 교수님께서는 나에게 서가에 있는 책을 마음껏 보라고 배려해주셨습니다. 그날부터 개인도서관이 생긴 것이나 다름없었습니다. 여러 책을 탐독하다가 독일 경제와 아데나워 총리를 다룬 책을 읽고는 그에게 흠뻑 매료되고 말았습니다. 아데나워는 나치 잔재를 청산하고 다른 유럽 국가들과 적극적으로 화해·협력하는 등 미래지향적이고 포용적인 정치철학을 갖고 있었습니다. 무엇보다 시장경제의 원리를 존중하며 사회적 형평을 이루려 노력한 인물이었습니다. 비록 법대생 신분이었지만 저는 한국의 아데나워가 되겠다는 꿈을 갖게 되었고 그때부터 전공과목보다는 경제 공부에 매달렸습니다. 그래서 행정고시에 재경직으로 응시, 합격할 수 있었습니다.

국가공무원이 된 후 저는 재무부 조세정책과장, 재경원 은행보험심의관, 재경부 세제실장 및 차관 등 경제부처의 요직을 두루 거치며 우리 경제의 부침을 온몸으로 겪었습니다. 특히 제3차 경제개발 5개년 계획 입안 단계부터 제5차 경제개발 5개년 계획, 철저한 보안 속에 진행된 1차 금융실명제(1982년 7월)와 2차 금융실명제(1993년 8월) 작업에 실무책임자로 참여해 이를 성공적으로 안착시킨 것이 큰 보람으로 남아 있습니다. 하지만 견디기 힘든 순간도 있었습니다. 1997년 IMF 외환위기 당시 30대 재벌 중에서 16개가 쓰러지고, 시중의 은행이 잇따라 도산하면서 인수합병을 추진해야 했습니다. 이 과정에서 100만 명의 실업자가 생겨났습니다. 또 참여정부 때는 초대 경제부총리로서 '7중고'라 불리던 이라크전쟁, 북핵문제, 사스SARS 공포, SK글로벌 분식회계 파문, 카드채 문제 등을 조기에 해결하기 위해 뜬 눈으로 밤을 지새우며 고민했습니다. 공직을 그만두고 정치권에 들어와서도 경제 문제는 늘 저를 따라다녔습니다. 여당(열린우리당)의 정책위원회 의장 시절에는 우리 경제의 새로운 성장 동력을 찾는 데 주력했고, 야당(민주당) 원내대표 시절에는 노무현 정부 때 체결된 한미FTA에 대해 우리가 비록 야당이 됐지만 비준해야 한다고 주장했다가 언론과 SNS에서 가장 욕을 많이 먹는 정치인으로 매도되기도 했습니다. 하지만 몇 개월 뒤 치러진 국회의원 선거에서 경기도 최고 득표율로 당선되면서 정치권이나 언론의 선동에도 민심은 결코 흔들리지 않는다는 것과 중요한 일을 결정할 때는 눈앞의 유불리보다 옳고 그름을 따져야 한다는 원칙을 다시 한 번 깨닫게 됩니다.

이처럼 저는 수십 년간 경제와는 떼려야 뗄 수 없는 삶을 살았습니다. 그리고 국가공무원으로서, 정치인으로서 국민들로부터 큰 혜택을 받아왔다고 생각합니다. 이제 이런 소중한 경험을 살려 우리 경제가 올바르게 나가야 할 방향을 제시하는 것이 내가 받은 혜택에 조금이나마 보답하는 길이라고 생각해 이 책을 내게 됐습니다.

사실 우리 경제는 1997년 외환위기 이후 20년 동안 매 5년마다 경제성장률이 1%포인트씩 하락하는 '장기 저성장의 늪'에 빠져 있습니다. 이는 곧 수출 대기업 중심 성장이 한계에 부딪혔다는 뜻입니다. 그럼에도 불구하고 이명박, 박근혜 정권에서는 1960~1980년대 재벌 중심 성장정책으로 역주행하면서 저임금의 고강도 노동 정책 마인드를 버리지 못했습니다. 그리고 대기업에 대한 각종 행정편의 지원과 조세 혜택을 최우선으로 천명하는 등 신자유주의의 틀을 그대로 답습했습니다. 하지만 대기업들은 혁신 투자로 일거리를 늘리기는커녕 손쉽게 돈 버는 방법으로 부동산에 투자했으며, 유통시장을 장악해 골목상권까지 싹쓸이 하는 모습을 보입니다.

저는 문재인 정부가 들어선 후 국정기획자문위원장으로서 이제 경제 운용의 패러다임을 바꿔야 한다고 여러 차례 강조했습니다. 더 이상 대기업에 의존하지 말고 기술혁신형 벤처기업을 키워서 우리 경제의 새로운 성장 엔진으로 만들어야 한다는 것입니다. 정부와 금융기관들이 나서서 담보는 부족하지만 독창적인 기술과 사업성이 있는 소규모 스타트업을 지원해야 합니다. 그리고 이러한 기업들이 2~5년 후 새로운 경쟁자와 기술력 한계 때문에 '죽음의 계곡'이라 불리는 위기에 직면했을 때 인수합병M&A 등을 통해 기업의 규모를 키우고 이겨낼 수 있도록 지원해야 합니다. 그리고 위기를 지나 기업이 안정되면 출구 전략을 통해 투자한 자본을 회수하면 됩니다. 미국, 중국, 독일, 이스라엘 등은 이렇게 다양한 모험자본을 통해 기술혁신형 벤처 생태계를 만들어가고 있습니다.

이제 우리 경제가 나아가야 할 길은 자명합니다. 젊은이들이 의사나 판검사, 공무원, 대기업 직원 등 안정된 직장에 들어가 현실에 안주하는 대신 기술혁신형 벤처기업을 창업하고 세계로 뻗어나가도록 해야 합니다. '구직求職' 대신 '창직創職'을 하는 것입니다. 젊은

이들이 안전한 온실에서 뛰쳐나오게 하려면 창업의 결정적인 장애 요인인 금융을 혁신해야 합니다. 안전자산인 부동산대출로 돈을 벌고 있는 금융계를 설득해, 가계 융자에서 기업 투자로 옮겨가도록 해야 합니다. 기술벤처를 육성하려면 적어도 100조 원 이상, 많게는 1,000조 원에 가까운 돈이 필요합니다. 정부가 매년 중소기업에 지원하는 4~5조 원으로는 어림도 없습니다. 기업평가를 제일 잘 아는 금융기관이 투자에 나서야 합니다. 금융기관이 투자를 시작하면 다른 모험자본들도 따라서 들어오기 마련입니다. 현재 30대 재벌의 여유 자금이 1000조가 넘는데 갈 곳을 못 찾고 있습니다. 하루라도 빨리 기술벤처에 대한 사업 평가와 투자가 이뤄져야 할 것입니다.

다행히 문재인 대통령 취임 이후, 제가 평소 가졌던 신념들이 하나둘 실현되고 있습니다. 저는 정부의 이러한 정책 변화를 제대로 알리기 위해 일주일에 두 번 이상 강의를 하러 다니고 있습니다. 그동안 교수와 학생은 물론, 공무원, 금융인, 언론인, 일반 기업인들을 상대로 100여 차례 이상 강연을 진행했습니다. 그동안 제가 했던 강연의 핵심을 서울에서 KTX를 타고 대구나 부산에 내려가는 동안 술술 다 읽을 수 있는 정도의 분량으로 이 책에 담았습니다. 제가 구사할 수 있는 가장 쉬운 용어로 설명했고, 문어체 대신 강의 때 쓰는 말투를 그대로 사용했습니다. 그리고 굳이 색인이나 다른

구직 대신 창직하라

참고자료를 외부에서 찾지 않더라도 이해할 수 있게 설명하려 노력했습니다. 또 각 장마다 핵심 내용을 기억할 수 있도록 요약도 해놓았습니다.

경제정책을 입안해야 할 정부 관계자는 물론이고 창업을 준비하는 청년, 금융기관 종사자, 기업체 중간 관리자들이 이 책에서 많은 것은 느끼고 자신에게 필요한 힌트를 얻어갔으면 좋겠습니다. 책이 나오기까지 저와 함께 수차례 회의를 통해 원고의 기틀을 잡아주고 사례 발굴에 힘써주신 한국생산성본부 노규성 회장님과 한평호 센터장님, ㈜디맨드 대표이사 김광순 님, (사)한국소프트웨어기술인협회 이서령 회장님, 서울디지털재단 주성환 박사님, 장원철 작가님과 국회 보좌진 여러분께 깊은 감사를 드립니다. 기술벤처라는 새로운 성장동력을 통해 우리 경제가 제2의 도약을 하는 데 이 책이 조금이라도 보탬이 되길 진정으로 소망합니다.

2019년 초여름
김진표

새로운 성장의 패러다임, 기술이 아니라 사람

　오늘날 '불평등'은 세계에서 가장 큰 위협이 되었습니다. 불평등과 양극화는 여러 나라에서 경제 정책을 수립할 때 가장 먼저 고려되는 문제입니다. 이 때문에 세계적으로 '포용적 성장'의 가치가 주목받고 있습니다. MIT대학 경제학과 교수 대런 애쓰모글루는 자신의 책《국가는 왜 실패하는가》에서 "역사적으로 포용적인 나라에서는 성장의 과실이 고루 분배되고 안정된 삶과 미래에 대한 희망이 창의적인 경제활동과 번영을 가능하게 하였으나, 그렇지 못한 나라는 쇠락하였다"고 말했습니다.

　특히, 지금은 4차 산업혁명의 거대한 물결이 밀려드는 시기입니다. 역사를 돌이켜보면, 과학기술의 발전은 '야누스의 얼굴'과도 같았습니다. 인간의 선택에 의해 과학기술은 유토피아가 되는 밑거름이 될 수도, 디스토피아로 잡아끄는 족쇄가 될 수도 있으니까요. 4차 산업혁명의 특성상 소수가 부를 독점할 가능성이 높습니다. 그래서 정보의 격차가 경제적 격차로, 다시 불평등과 양극화 심화로 이어지지 않도록 하는 정책적 배려가 매우 중요합니다. 먹고사는 문제는 국민 모두에게 가장 중요한 일이니까요.

이렇게 중요한 시기에 김진표 의원이 《구직 대신 창직하라》는 책을 출간했습니다. 이 책에는 불평등과 포용적 성장, 4차 산업혁명과 사람중심 경제, 혁신과 미래 일자리, 금융혁신과 벤처창업에 이르기까지 거시적·미시적 경제 정책을 아우르는 저자의 뛰어난 통찰력이 녹아 있습니다. 저자는 한국경제에 대해 '한 번도 가보지 않은 길, 새로운 성장 패러다임을 생각하자. 4차 산업혁명은 기술이 아니라 사람이 답'이라는 처방을 내렸습니다. 대한민국이 지향해야 할 '진짜경제'가 무엇인지 쉽게 이해할 수 있도록 담아냈습니다. 경험과 지혜를 겸비한 경제 전문가는 드뭅니다. 저자 김진표는 4선 국회의원이기도 하지만, 경제부총리를 역임한 국정 전문가요, 명실상부 최고의 경제 전문가입니다.

저자가 평생의 경험과 통찰, 직관을 한 권의 책으로 묶어 출간한 것을 기쁘게 생각합니다. 경제정책에 직·간접적으로 연관된 분들은 물론이고, 한국경제에 관심 있는 분들 모두에게 일독을 권하고 싶습니다. '보다 나은 국민의 삶, 보다 나은 한국경제'를 향한 희망을 찾을 수 있으리라 기대합니다. 감사합니다.

국회의장

문희상

혁신적 포용국가로 가는 길

"한강의 기적이 미래의 성공을 보장하지 않는다." 이 책 첫 장은 이렇게 시작합니다. 우리나라는 지난 해 30-50클럽에 가입한 일곱 번째 국가가 되었고, 연간 수출은 6,000억 달러를 돌파했습니다. 국가신용등급도 일본·중국보다 높은 수준입니다. 식민지배와 전쟁으로 잿더미가 된 나라가 불과 70년 만에 이처럼 발전했으니 '기적'이라 해도 결코 지나치지 않다고 생각합니다. 하지만 그런 기적이 미래의 성공을 보장하지 않는다는 저자의 지적이 폐부를 찌릅니다.

저출산고령화, 양극화 등 우리 사회의 구조적인 문제뿐만 아니라 일과 생활의 균형 같은 삶의 질 개선 등 우리가 해결해야 할 새로운 숙제들이 산적해 있습니다. 이미 우리 삶의 일부가 되어버린 4차 산업혁명 시대를 맞아 미래 먹거리를 발굴하는 것도 시급한 과제입니다. 변곡점에 서 있는 한국경제는 과거의 성공 방정식을 뛰어 넘어, '함께 잘사는 혁신적 포용국가'라는 새로운 지향점을 향해 도약해야 합니다.

이 책은 혁신적 포용국가를 이루기 위해 우리 금융이 나아가야 할 길을 명확하게 제시하고 있습니다. 금융 스스로 기술의 가치를 알아보고, 기술력과 아이디어를 가진 '기술혁신형 중소벤처기업'을 찾아나서야 합니다. 그리고 이들이 성장할 수 있도록 모험자본을 적시에, 충분히 제공해야 합니다. 우리는 이러한 투자가 또 다른 투자로 확대·재생산될 수 있는 역동적인 금융 생태계를 만들야 합니다. 이것이 바로 '혁신금융'의 요체입니다.

경제관료로서, 또한 국회의원으로서 우리 경제의 미래를 위해 정책 현장에서 치열하게 고민한 저자의 연륜과 흔적이 책 곳곳에 드러나 있습니다. 특히 '줄탁동시啐啄同時' 병아리가 알에서 나오기 위해서는 새끼와 어미닭이 안팎에서 같이 쪼아야 한다는 말처럼, 혁신금융의 비전을 실현하기 위해 금융권과 정부가 함께 노력해야 한다는 메시지에 경제정책을 총괄하는 공직자로서 깊은 책임감을 느낍니다. 아무쪼록 혁신을 선도해 나갈 금융권에도 저자의 이러한 철학과 가치가 잘 전해지기를 진심으로 바랍니다.

부총리 겸 기획재정부 장관
홍남기

기술집약형 중소벤처 육성이 답

지난 봄, 우연히 국회 복도에서 만난 김진표 의원님과 벤처기업 육성에 대한 이야기를 나누었습니다. 김 의원님은 "얘기할 시간이 좀 되요?"라고 물으셨고, 저는 "물론이죠"라는 답과 함께 김진표 의원실로 자리를 옮겼습니다.

장기 저성장의 늪에 빠진 우리 경제의 활력을 되찾는 길은 '기술집약형 중소벤처 창업 열풍'이고 그것을 활성화하기 위해서 반드시 필요한 것이 금융혁신이라는 주제로 한 시간이 넘게 대화를 나누었습니다. 김 의원님의 명품 강의라는 표현이 더 정확한 것 같습니다. "당시의 이야기들을 담은 책을 곧 출간한다"는 말씀에 "책이 나오면 바로 보내주세요"라고 부탁했습니다. 그 책이 바로《구직 대신 창직하라》입니다. 김진표 의원님은 언제나 우리 정부의 성공을 위해 고민하고, 누구보다 먼저 동료들에게 해법을 제시하는 분입니다.《구직 대신 창직하라》는 문재인 정부의 성공에 반드시 필요한 '새로운 성장 동력과 이를 만들어낼 해법'이 담겨 있습니다. 장관 취임 후 벤처 창업 현장에 가보았습니다. 실제로 뜨거운 열기를 느낄 수 있었습니다. 벤처 생태계에 창업과 투자를 중심으로 정부가 조금만 더 힘을 보태면 정말 제2의 벤처붐이 올 것이라고 생각합니다.

현재 제가 맡고 있는 역할에 큰 도움이 되는 책을 써주신 김진표 의원님에게 감사드립니다. 문재인 대통령께서 강조하신 '벤처 붐'을 꼭 실현하기 위해 중소벤처기업부 동료들과 함께 최선을 다하겠습니다.

중소벤처기업부 장관
박영선

'융자'에서 '투자'로
금융의 패러다임을 바꿔라

요즘 주변 사람들을 만나 여러 이야기를 나누다 보면 다들 경제가 어렵다고 이야기합니다. 가만히 생각해보면 경제가 좋아서 살만하다는 이야기를 들은 적은 많지 않은 것 같습니다. 사람들은 늘 '불경기', '불황'이라는 말을 습관처럼 이야기합니다. 지난 수십 년간 이룩한 우리 경제의 눈부신 발전을 생각해보면 경제 상황에 대한 사람들의 일반적인 반응에 다소 의문이 드는 것도 사실입니다. 결국 경기가 좋지 않다는 말은 실제로 국가경제가 어려워졌다기보다는 국민들이 피부로 느끼는 '체감경기'가 쉽사리 좋아지지 않기 때문에 나오는 말이라고 생각합니다.

실제로 우리 경제에 대해 조금이라도 관심이 있는 사람들은 현재 우리 경제의 상황이 어떻고, 앞으로 어떻게 될지에 항상 촉각을 곤두세우고 있습니다. 하지만 방송, 신문 등 언론을 통해 소개되는 학자나 전문가의 말을 들어도 이해하기 어렵고 생소한 지표와 경제용어들로 채워져 있어서 실제 경제가 어떤 상황에 놓여 있는지를 완전히 이해하는 사람들은 그리 많지 않습니다. 저는 자타가 공인하는 경제전문가, 김진표 의원님이 우리의 경제 상황과 국민들이 느끼는 체감경기 간의 괴리 문제를 오랫동안 고민해온 것을 잘 알고 있습니다. 그 분의 오랜 고민과 그에 대한 해답이 이 책 속에 녹아 있다고 생각합니다.

이 책은 우리 경제의 실제 모습이 어떠한지 알기 쉽게 설명하고 있을 뿐만 아니라, 우리가 왜 경제를 나쁘다고만 인식하는지 실제 데이터를 통해 차분하게 보여주고 있습니다. 그렇다고 우리 경제가 매우 좋은 상태라고 과장하지도 않습니다. 최대한 있는 그대로의 모습을 전달하려고 노력하고 있습니다.

김 의원님은 IMF 외환위기 이후 20년 동안 저성장의 늪에 빠져 있는 우리 경제의 본질적인 문제점을 '수출 중심의 대기업 정책'이라고 진단하고 있습니다. 또한, 외환위기의 경험 이후 지금까지 국내 은행들이 집중해온 가계대출 중심의 문제점도 날카롭게 파헤치고 있습니다. 외환위기 이후 상대적으로 안정된 가계대출 중심의 자금운용으로 기업대출에 인색해졌으며, 이는 부수적으로 부동산 가격을 급등시키는 원인으로 작용했다고 분석합니다.

이러한 진단을 바탕으로 김 의원님은 앞으로 우리가 해야 할 일을 제시합니다. 우선 정부지원을 등에 업고 문어발식 확장으로 골목 상권까지 장악한 대기업 중심의 경제정책을 극복해야 한다고 주장합니다. 그리고 '금융혁신'을 통해 4차 산업혁명이라는 시대의 흐름을 뒷받침해야 된다고 이야기합니다. 현재 사회적 문제로 떠오르는 청년실업 문제 등을 해결하기 위한 방안으로 4차 산업혁명을 적극적으로 이용한 일자리 창출이 필요한 시점입니다.

'융자'에서 '투자'로 전환하는 금융의 패러다임 전환, 즉 금융혁신을 통해 기업금융의 비중을 지금보다 높게 끌어올리고, 자본력이나 담보력은 부족하지만 아이디어와 첨단기술을 가진 기술혁신형 벤처기업에 대한 지원이 우선시 되어야 한다고 강조하고 있습니다. 그리고 궁극적으로 기업가치가 1조 원 이상인 유니콘 기업이 수백 개 탄생할 수 있도록 정책적으로 도와주는 것이 저성장 늪에 빠진 우리 경제를 끌어올릴 수 있는 성장 동력이 될 것이라고 확신하고 있습니다.

김 의원님은 이 책에서 오랜 공직경험과 의정활동을 통해 쌓아온 금융에 대한 애정과 예리한 통찰력으로 우리 금융이 나아가야 할 방향을 제시하고 있습니다. 금융의 패러다임을 투자 중심으로 바꾸자는 저자의 제안은 앞으로도 끊임없이 새로운 기회를 찾아가야 하는 대한민국 경제와 금융의 미래를 결정짓는 소중한 밑거름이 될 것이라 생각합니다.

마지막으로 이 책은 다소 이해하기 어려운 금융 전반에 대한 내용을 명확하고 알기 쉽게 설명해주고 있기 때문에 일반 국민 모두에게 좋은 참고서가 될 것이라고 생각합니다. 이 책을 읽으며 대중의 눈높이에 맞는 경제 서적이 어떤 것인지 새삼 느낄 수 있었습니다. 앞으로 주위의 후배 공직자나 지인들에게 이 책을 꼭 읽어보라고 권할 생각입니다. 그리

고 저는 금융위원장으로서 업무에 임할 때에도 김 의원님의 아이디어를
널리 활용할 계획입니다. 감사합니다.

금융위원회 위원장

최종구

차례

PART 1　한강의 기적이 미래의 성공을 보장하지 않는다

PART 2　사람이 자본이 되는 사회
– 포용혁신성장

PART 3 **4차 산업혁명시대의 새로운 성장 동력
– 기술혁신형 중소벤처기업**

PART 4 미래가치를 알아보는 금융
　　　　　　 - 기술혁신형 중소기업의 터보엔진

PART 5 혁신 성장의 무한 에너지
– 교육혁신, 사회혁신

한강의 기적이
미래의 성공을
보장하지 않는다

» 낙수효과에 기댄 신자유주의 성장정책은 미국과 한국의 중산층 괴멸을 가
   져왔다.

» 지난 20년간 우리 경제는 소득분배가 가장 공평한 나라에서 OECD 국가
   중 가장 불공평한 나라로 전락했을 뿐만 아니라 성장률은 매 5년마다 1%
   씩 지속적으로 하락하고 있다.

» 유통산업 쟁탈전이 소득불평등, 아파트 담보대출 위주의 금융이 자산불평
   등의 주범이다.

» 고도성장기 성장동력이었던 저임금·장시간 노동은 더 이상 우리 경제 규모
   에 어울리지 않는다.

부의 파도는
아래로 흐르는가?

"당신들의 성장은 대기업, 소수 재벌 위주다."

"한강과 청계천에 거지들이 득실거린다고 들었다."

"부익부 빈익빈이 심해 대다수가 헐벗고 산다는데 그게 무슨 성장이냐?"

1995년 OECD 산하 개발도상국원조위원회DAC, Development Assistance Committee의 초대를 받아 신생독립국과 아프리카 저개발국가의 경제성장을 지도하기 위해 터키 안탈리아에 간 적이 있습니다. 당시 재무부 대외경제 심의관이었던 제가 우리나라의 발전상에 대한 기조연설을 끝내자 위와 같은 반론이 쏟아졌습니다. 반론은 주로 소련에서 독립한 키르기스스탄, 우즈베키스탄, 카자흐스탄처럼 나라 이름에 '-stan(땅)'이 붙는 국가에서 나왔습니다. 모두 오랜 공산주의와 이슬람 전통으로 인해, 경제성장을 이룩하지 못할 경우 다시 공산주의로 돌아갈 위험이 높다고 지목되던 나라였지요. 오랫동안 북한과 긴밀히 교류해왔는지 우리나라에 대해 꽤 많은 것을 알고 있었습니다. 그런데 북한으로부터 왜곡되고 과장된 이야기를 얼마나 많이 들었는지 태반이 틀린 내용이었지요. 이들의 반론을 한 번에 잠재울 수 있었던 건 단 한 마디였습니다. 그때 저는 우리나라가 세계에서 소득 분배율이 세 번째로 공평한 나라라는 통계자료를 제시했습니다. 이때부터 그들은 우리의 성장 비법을 배우려는 착한 학생이 됩니다. 맞습니다. 우리 경제발전의 어두운 면을 가리키는 '유전무죄 무전유죄' 같은 말도 있었지만, 당시 우리나라 소득 분배율은 굉장히 좋은 편이었습니다. 그런데 1997년 외환위기가 닥치고 난 뒤 모든 것이 달라집니다.

돌이켜 보면 '경제개발의 우등생'을 자처하기 전에 1990년대 초에 성장의 패러다임을 바꾸어야 했습니다. 기회를 놓친 우리는 미국에서 시작된 새로운 패러다임에 갇힙니다. 바로 신자유주의입니다. 1970년대 미국은 경기침체와 물가상승이 동시에 나타나는 스태그플레이션의 늪에 빠져 있었습니다. 베트남전쟁으로 인한 재정적자, 독일과 일본의 부상으로 인한 무역적자가 갈수록 심화됐고 두 차례 오일쇼크로 불황이 언제 끝날지 알 수 없었지요. 이 상황에서

1980년 대통령에 당선된 레이건은 '낙수효과' 논리를 경제정책의 중심으로 삼습니다. 이른바 레이거노믹스의 시작입니다.

'부유한 자가 더욱 풍요로워지면 가난한 자에게도 자연스럽게 그 부가 흘러간다.' 상층의 부가 충분히 축적되면 아래 계층으로 그 혜택이 돌아간다는 이 논리가 억지스러운 주장은 아닙니다. 이 개념은 개인의 이익 추구가 공동체의 이익 확대로 연결된다는 현대 경제학의 아버지 애덤 스미스의 사상에 기초해 있습니다. 이에 따라 레이건은 대기업과 부유층의 이익을 증대시키기 위해 최고 78%에 이르렀던 소득세율을 28%로 떨어뜨립니다. 상위층의 소득이 증가하면 투자가 활성화되어 저소득층의 일자리와 소득을 증가시킬 수 있다고 본 것이죠.

하지만 기대와 달리 미국의 중산층은 빠르게 붕괴되고 부는 소수에 집중됩니다. 30년이 지나서야 '낙수효과'는 틀렸다는 사실을 조금씩 깨닫습니다. 그동안 미국의 상위 10%가 전체 부의 절반가량(2012년 기준 47.1%)을 차지합니다. 2001년 노벨경제학상을 받은 조지프 스티글리츠 교수의 분석에 따르면, 상위 1%는 하루 반나절 만에 하위 90%의 일 년치 소득을 벌어들였습니다. 이제 물은 아래로 흘러넘치지 않았습니다. 부의 양극화는 깊어졌습니다. 낙수효과는 한 가지를 보지 못했습니다. 인간의 탐욕입니다.

한강의 기적이 미래의 성공을 보장하지 않는다

대한민국,
낙수효과는 없었다

우리나라에서는 이명박 정부 때 낙수효과에 기댄 정책을 다각적으로 시행했습니다. 소득세, 법인세, 상속증여세, 종합부동산세 인하, 규제 완화, 민영화 등이 모두 낙수효과에 기반을 둔 정책입니다. 수출 대기업의 이익을 극대화하기 위해 재임 내내 펼친 인위적인 고환율 정책도 낙수효과를 염두에 둔 것입니다. 문제가 있다면 이때가 2008년 미국발 글로벌 금융위기로 미국에서조차 신자유주의에 대한 반성의 목소리가 흘러나오던 시기였다는 것입니다. **스티글리츠**와 2008년 노벨경제학상 수상자인 **폴 크루그먼** 같은 학자들이 지속적으로 경고했으며 신자유주의 부작용의 증거도 차고 넘치던 때였지요. 그런데도 레이거노믹스를 그대로 베껴옵니다.

우리는 미국과 달랐을까요? 부의 양극화, 소득분배가 개선되었을까요? 얼마 전까지 중소벤처기업부 장관으로 일했던 홍종학 전 의원이 MB정부의 임기가 절반이 지났을 때 이를 조사했습니다. 2011년 〈통합소득 백분위 자료〉를 토대로 분석한 것을 보면, 최상위 1%의 평균 소득은 3억 8,120원으로 중위소득 2,510만 원의 15.1배로 나타났습니다. 전체 통계에서 위 아래 10%의 소득 변화를 살펴보면, 상위 10%의 소득이 710만 원 증가하는 동안 하위

10%는 고작 40만 원 증가하는 데 그쳐 격차가 17.7배에 이릅니다. 중위소득은 소득순위를 매겼을 때 정확히 가운데 위치하는 가구의 소득을 뜻합니다. 차이가 너무 벌어졌습니다. OECD에 가입한 대다수 선진국보다 그 격차가 큽니다.

세계 경제학자 100여 명이 참여해 70여 나라의 경제적 불평등을 분석한 세계불평등데이터베이스WID, World Inequality Database를 들여다보면, 신자유주의의 민낯이 그대로 드러납니다. MB 임기 말이었던 2012년, 우리나라는 미국 다음으로 소득 불균형이 심한 나라가 됩니다. 상위 10%가 전체 소득의 42.7%를 차지했습니다. 박근혜 정권 말이었던 2016년에는 43.3%가 됩니다. 낙수효과는 없었습니다.

너무 화려했던 성공, 고무신의 기억

'파이를 키우면 나눠먹을 조각이 늘어난다.' 레이거노믹스로 일컬어지는 공급자 위주, 신자유주의 경제정책의 정신을 한 마디로 표현한 말입니다. 결이 조금씩 다르기는 하지만 우리 식으로 번역하면 성장 위주의 경제 정책, 대기업 위주 수출주도 정책이 됩니다. 모두 낙수효과에 기대어 경기를 활성화시키는 것으로 외환위기 전

한강의 기적이 미래의 성공을 보장하지 않는다

이나 후나 대한민국은 큰 틀에서 이 정책 기조를 벗어난 적이 한 번
도 없습니다. 김대중, 노무현 정권 시절도 처음에는 중소벤처기업
육성 쪽으로 방향을 잡았다가 대기업 중심의 수출주도형 성장정책
으로 돌아섰지요. 이는 '5년 단임제'의 한계 때문입니다. 임기 내에
총선과 대선을 치러야 하기 때문에 단기적인 성과가 필요했고, 성
과를 내기 위해서는 투자능력이 있는 대기업 중심으로 경제를 운용
할 수밖에 없었습니다.

　낙수효과의 반대편에는 분수효과가 있습니다. 문재인 정부가 추
진하는 소득주도성장입니다. 경제성장률 하락과 소득양극화에 대
한 고민의 결과로 나온 것이지만 문재인 정부만의 아이디어는 아닙
니다. 이미 2015년 OECD가 낙수효과를 부정하며 한국의 대기업
이 예전만큼 내수와 고용을 증진시키지 못하고 있으니 대기업 위주
의 수출 정책을 재고하라고 권고했습니다. 국제통화기금 IMF도 낙
수효과를 부정하는 〈소득 불균형의 원인 및 결과〉라는 보고서를 작
성했습니다. 보고서에는 상위 20%의 소득이 1% 증가하면, 이후 5
년의 국내총생산 성장률이 연평균 0.08% 하락하지만 하위 20%의
소득이 1% 늘어나면 성장률은 0.38% 높아지는 것으로 나옵니다.
그럼에도 보수언론과 일부 경제학자들은 소득주도성장으로 나라가
망할 것이라는 이야기를 쏟아냈습니다. 최저임금 인상을 앞두고 지
난해 언론을 도배했던 부정적 기사들을 여러분도 기억하실 겁니다.

왜 그랬을까요?

보수와 진보라는 이분법적 진영에 갇혀 무조건 비판하는 것일 수도 있고, 신념에 따른 비판일 수도 있습니다. 쏟아진 뉴스 모두에 시시비비를 가릴 수는 없으니 한 가지만 이야기하지요. 소득주도성장은 가보지 않은 길입니다. 하지만 우리는 낙수효과를 경험한 적이 있습니다. 1963년부터 1991년까지 평균 9.1%의 고도성장을 유지하던 경제 발전기에는 낙수효과가 있었습니다. 너무 빨리 성장해서 물을 담는 상위층의 그릇이 그 속도를 따라잡을 수 없었지요. 따라서 최하위 계층도 성장의 혜택을 누릴 수 있었습니다. 얼마나 빨리 성장했는가는 지금도 우리 기억 속에 고스란히 각인되어 있습니다. 현재 우리나라의 60대 이상 되신 분들은 지난 50년 동안 검정고무신부터 최첨단 인체공학 운동화까지 고루 신어보신 분들입니다. 저만 해도 어릴 적엔 고무신을 신고 뛰어놀았습니다. 새 고무신을 사주면 아까워서 며칠 동안은 손에 쥐고선 맨발로 뛰어다녔지요. 벗어놓으면 누가 훔쳐가니까 말입니다.

고무신에서 기능성 운동화까지 오는 데 채 50년도 걸리지 않았습니다. 일본이 근 백 년 걸린 일을 우리는 50년 만에 이룩했습니다. 1962년 경제개발 5개년 계획이 추진된 이후 선진국의 기준이 되는 1인당 국민소득 2만 달러를 참여정부 말인 2007년에 달성합니다. 인구 5,000만 명 이상 국가 중에 국민소득 2만 달러를 달성한

한강의 기적이 미래의 성공을 보장하지 않는다

국가는 미국, 독일, 영국, 프랑스, 이탈리아, 일본뿐이니 50년 만에 '20-50 클럽'에 우리나라가 가입한 것입니다. 그래서 고무신을 신어본 세대는 낙수효과를 기억합니다. 그때는 살림살이 나아지는 모습이 바로 눈앞에서 보였습니다. 경제가 활황이니 일자리도 차고 넘쳤습니다. 인재가 부족해 대학만 졸업하면 대기업들이 바로 뽑아갔습니다. 지금처럼 졸업까지 미루며 스펙을 쌓기 위해 미친 듯이 공부하지 않았습니다. 민주화를 위해 싸우던 학생들도 졸업 후의 미래를 걱정하지 않던 때입니다.

우리는 과거의 성공에 대한 기억을 아직 버리지 못하고 있습니다. 분배하자고 하면 성장이 먼저라고 하고 복지를 확대하자고 하면 국민이 게을러진다고 합니다. 성장주의자, 신자유주의 경제를 신봉하는 사람들은 지금도 선先성장 후後분배, 낙수효과를 이야기합니다. 하지만 이제 낙수효과는 없습니다. 서울대 경제학부 김세직 교수의 연구에 따르면, 한국경제는 1997년 외환위기 이후 경제성장률이 5년마다 평균 1%씩 매우 규칙적이고 지속적으로 떨어지고 있습니다. 김영삼 정부 시절 6%대의 성장률은 김대중 정부로 오면 5%대로, 노무현 정부 시절에는 4%대, 그리고 이명박 정부 시절에는 3%대로 정권이 바뀔 때마다 추세적으로 하락해 장기 저성장 국면에 접어들었다고 합니다.

이렇게 성장률이 낮으면 낙수효과를 기대할 수 없습니다. 파이

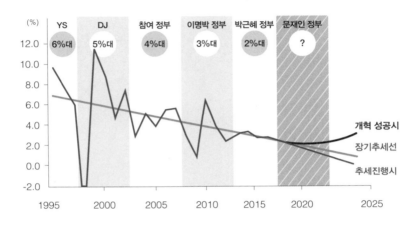

경제성장률의 변화

| (%) | YS 6%대 | DJ 5%대 | 참여 정부 4%대 | 이명박 정부 3%대 | 박근혜 정부 2%대 | 문재인 정부 ? |

개혁 성공시
장기추세선
추세진행시

1995 2000 2005 2010 2015 2020 2025

외환위기 이후 5년마다 성장률이 1%p씩 꾸준히 하락했다.

를 키워놓으면 혼자 먹어버립니다. 대기업·최상위층의 덩치가 엄청나게 커져 있어 서민에게 떨어질 몫이 없습니다. 세계 11위의 경제규모를 갖고 있는 대한민국은 이제 과거와 같은 7% 이상의 고도성장을 기대할 수 없습니다. 7% 성장률은 개발도상국일 때나 가능한 이야기죠. 2019년 OECD가 주요 선진국의 성장률을 예상한 자료를 보면, 3%를 웃도는 나라가 없습니다. 미국은 2.7%, 프랑스와 독일은 1.6%, 일본은 1.0%, 대한민국은 2.6%로 추정했습니다. 세계는 우리 경제가 이미 최첨단 운동화를 신었다고 보는데 우리는 아직도 고무신을 신고 있다고 생각합니다. 이제 새로운 접근법이 필요합니다.

고도성장의 한 축, 저임금·장시간 근로

고무신을 신고서도 잘살 수 있다는 희망이 있던 시절, 우리가 어떻게 성장해왔는가를 돌이켜보지요. 한국은 지난 수십 년 동안 선진국의 성공을 모방하고 따라가는 패스트 팔로어fast follower, 즉 추격하기 전략으로 고도의 성장을 이룩했습니다. 경제개발 5개년 계획이 시행될 당시 박정희 대통령은 차관이나 원조자금을 조선이나 철강 같은 기간산업에 집중 투자합니다. 불균형한 투자였지만 산업 인프라도 없고 부존자원도, 기술과 경험도 없는 상태에서 그것이 최선의 판단이었지요. 정부는 산업의 덩치를 키우기 위해 금융, 재정, 조세, 환율, 수입제한 조치 같은 수단을 모두 동원해 수출 대기업을 보호했습니다. 대기업 입장에서는 성공 확률이 100%였습니다. 그리고 실제로 성공합니다. 1980년대로 접어들면서 우리나라는 제조업 분야 경쟁력이 세계 상위권에 진입합니다. 가전제품이 가장

빨랐고 철강, 석유화학, 조선, 자
동차, 반도체, 디스플레이 등이
뒤를 잇습니다. 그리고 1990년
대가 되면 거의 모든 제조업 분
야가 국제 경쟁력을 갖추게 됩
니다.

전태일은 "근로기준법을 준수하라, 우리
는 기계가 아니다"라고 외치고 분신했다.
그의 희생은 이후 우리나라 노동 운동 발
전에 중요한 역할을 했다.

박정희 대통령이 집권한 1962
년부터 1979년까지 평균 경제성
장률이 8.5%였고 10%가 넘는
성장률도 여러 번 달성했으니
고무신을 신어본 세대가 이 시
절을 '한강의 기적'으로 회상하
고 박정희식 모델을 그리워하는 것도 무리는 아닙니다. 이것은 우
리 경제성장의 밝은 면입니다. 이 시기 고도성장을 뒷받침했던 또
하나의 요인을 꼽으라면 저임금, 장시간 근로입니다. 얼마나 심각
했는지 볼까요?

1970년 11월 13일 평화시장 국민은행 앞에서 한 노동자가 근로
기준법 책을 안고 분신합니다. "근로기준법을 준수하라." "우리는
기계가 아니다. 일요일은 쉬게 하라." 스물한 살의 청년, 전태일이
죽어가며 외친 말입니다. 당시 대한민국은 일요일도 없는 근로환경

한강의 기적이 미래의 성공을 보장하지 않는다

에 하루 평균 12~14시간의 노동을 강요하고 열두 살부터 열다섯 살 어린 견습공들에게 잠 안 오는 약까지 먹이며 일을 시켰습니다. 방광염, 위장장애, 폐병을 달고 살았지만 병이 나면 그만두어야 했습니다. 일할 사람은 많았으니까요. 커피 한 잔 값이 50원이었는데 이들이 한 달 내내 고된 노동으로 손에 쥐었던 임금은 고작 1,200원이었습니다. 이 돈을 받으며 4~5년을 버텨야 수습 딱지를 떼고 그나마 생활이 가능한 월급이 주어졌습니다. 이런 노동자가 평화시장에만 약 3만 명이나 있었습니다.

지금으로서는 상상도 할 수 없는 노동환경이지만, 이 어두운 면을 잊게 한 것은 역설적이게도 고도성장기에 소득분배율이 좋았기 때문입니다. 따로 분배정책을 펼치지 않았어도 너무 빨리 성장해 대기업이 먹고 남은 부스러기가 많았습니다. 부스러기는 다름 아닌 일자리입니다. 대기업만으로 수출 물량을 감당할 수 없어 자고 나면 새로운 일자리가 생겼지요. 은행금리까지 평균 20%였으니 500만 원을 두 배로 불리는 데 3.6년이면 가능했던 때입니다. 적게 받아도 허리띠 졸라매고 잠깐 버티면 소득이 올랐습니다.

지금은 저성장 시기입니다. 과거와 같은 고도성장은 다시 돌아오기 어렵습니다. 현재 시중 최고 은행금리를 3%로 잡으면, 500만 원이 1,000만 원이 되는 데 24년이나 걸립니다. 경제 환경이 달라졌습니다. 과거에는 모방해서 따라가면 성공할 수 있었지만 이제는 우리가 앞서 나가야 하는 시대입니다. 중국, 인도, 베트남처럼 우리를 모방해 빠르게 추격해오는 신흥국도 생겼습니다. 우리 경제는 이제 '쫓기는 자', 선진국의 위치에 있습니다.

불평등 악화의 시발점, 외환위기와 중산층의 붕괴

저임금·장시간 근로, 대기업 위주의 박정희식 성장이 과오만 있었던 것은 아닙니다. 선택하고 집중했기에 우리는 제조업 모든 분야에서 선진국 기술을 따라잡을 수 있었습니다. 개발도상국으로 시작해 선진국 수준의 기술력을 갖춘 중국, 브라질, 이스라엘, 인도 등도 예외 없이 이런 식으로 성장했습니다. 문제라면 선진국을 따라잡은 1990년대에 개발 모델을 바꾸고 성장에 대해 다시 생각하지 않았다는 것입니다. 참혹했던 1997년 외환위기의 내부 원인이 여기에 있습니다. 대기업들이 혁신으로 방향을 돌리지 않고 몸집 불리기에 나선 것입니다. 은행에서 빌린 돈으로 마구잡이로 계열사를 만든 것이지요. 계열사 하나를 은행에 담보로 잡히고 그 담보로 돈을 빌려 또 다른 계열사를 만드는 식으로 재벌마다 50여 개의 계열사를 거느렸습니다. 보통 부채비율이 200~300%를 넘으면 위험한 회사입니다. 그런데 외환위기가 터지기 직전, 우리나라 대기업들의 평균 부채비율은 400%가 넘었습니다. 하나가 부도나면 연쇄적으로, 동시다발로 부도가 나는 상황이었지요.

외환위기는 수출주도형 성장이 가져온 비극입니다. 1995년부터 글로벌 공급과잉으로 물건이 팔리지 않기 시작합니다. 여기에 G7 경제장관들이 모여 대일 무역적자를 메우기 위해 인위적인 엔고를 유도했던 1985년 '플라자합의'를 뒤집습니다. 엔화 가격이 낮아지고 일본 제품의 가격 경쟁력이 높아지면서 우리 수출품의 판로가 막힙니다. 빚을 내 무리하게 몸집을 불렸던 대기업은 채무를 상환하지 못하고 쓰러집니다. 대기업에 대출을 많이 해주었던 은행도 함께 부도가 났습니다. 그렇게 시중은행 8개 중 4개가 넘어지고 30대 재벌 중 16개가 파산했습니다. 대기업에서 80만 명의 실업자가 생겼고 금융권에서는 20만 명이 거리로 나앉았습니다.

2%대였던 실업률은 외환위기 한 달 만에 4.5%로 급등합니다. 한 달 만에 3,300여 개의 기업이 도산했고 살아남은 기업들도 대규모 구조조정을 실시했습니다. 이 과정에서 또 실업자가 발생했습니다. 1년 사이에 실업률이 6%대로 치솟는데 한국경제가 한 번도 경험하지 못한 대량 실업 사태였습니다. 해고된 사람은 주로 대기업, 금융기관, 공공 부문에 근무하던 40~50대 중장년 상용직 근로자들이었습니다. 우리 경제의 허리인 중산층에 해당하는 사람들이었지

요. 구조조정이 동시에 진행되었으니 비슷한 수준의 직장으로 재취업하기는 불가능에 가까웠습니다.

사회복지망이 제대로 갖춰져 있지 않던 당시 이들에게 어떤 일이 일어났는지 살펴봅시다. 〈월간 복지동향〉(2008) 제118호에는 1998년 △△은행에서 해고된 945명의 퇴직 후 10년간의 상황이 보고되어 있습니다. 퇴직자 중 연락이 완전히 두절된 사람이 200여 명, 응답자 465명 중 무직자는 111명(응답자의 23.9%), 금융업에 재취업한 사람은 전체 퇴직자의 2.3%인 22명, 나머지는 상시 해고가 가능한 임시직을 전전하고 있었습니다. 퇴직자 중 5명(0.53%)은 자살한 것으로 나타났는데, 이 비율은 1998년부터 2007년까지 10만 명당 평균 자살자 수 19.7명(0.02%)에 견주었을 때 26.5배나 높은 수치입니다.

이는 비단 은행권에서만 나타난 사례는 아닙니다. 당시 구조조정을 당한 중산층 근로자 대부분이 이런 고통을 겪었습니다. 국민이 은행에 저축한 돈을 마음대로 빌려 몸집만 불리고 방만한 경영을 한 대가를 우리는 지금도 치르고 있습니다. 무너진 중산층은 아직도 외환위기 이전으로 복귀하지 못했습니다. 신자유주의적 질서로 인해 발생한 비정규직 문제는 여전히 우리 경제의 구조적 문제로 남아 있습니다. 성장의 패러다임을 바꾸지 못한 탓입니다.

왜 불평등은 더 악화되었는가?
중소유통상의 괴멸과 아파트 투기

엄격한 구조조정 가이드라인을 제시한 IMF로 인해, 기업 입장에서 외환위기는 생사의 기로에 선 상황이었습니다. 기업은 살아남는 것만이 목표였습니다. 이 기간 1만 7,000여 개의 기업이 사라졌습니다. 특히 종합금융사는 33개 중 단 한 곳만 살아남았습니다. 살아남은 대기업과 은행들은 모두 보수적인 방향으로 움직입니다. 대기업은 더 이상 모험적이고 공격적인 경영을 하지 않게 됩니다. 다들 사내 유보금을 쌓아두고 만약의 위기에 대비합니다. 그리고 다른 한편으로는 손쉽게 돈 벌 수 있는 먹거리를 찾아 골목으로 들어갑니다. 일자리 창출을 빌미로 중소 유통 상인들의 업종에 뛰어든 것입니다.

1990년대 중반까지 전체 인구의 3분의 1이 '생산자→도매상→소매상→소비자'로 이어지는 유통구조 속에서 소득을 얻은 것으로 추정됩니다. 2010년 중소기업연구원에서 조사한 통계에 따르면 도매상의 경우, 전국 25만 개 사업체에 100만 명이 종사했습니다. 이 중 자본력이 약한 소상공인의 사업체 수는 20만 개, 종사자는 41만 명이었습니다. 여기에 소위 '나까마'로 불렸던 도매상과 소매상을 이어주는 사업자, 전국 단위로 흩어져 있던 소매상까지 고려하면 얼마나 많은 사람들이 유통산업에서 생계를 이어갔는지 짐작이 가실 겁니다.

2010년 기준 도매업의 시장규모는 551조 원이었습니다. 그런데 이걸 삼키겠다고 대기업이 달려듭니다. 대표적인 예를 하나만 보지요. 1990년대 외식산업이 폭발적인 성장을 거듭하면서 식자재 유통에만 약 97.7조 원의 돈이 움직였습니다. 2012년 MB 정권은 대상, CJ, 현대, 신세계 등의 대기업이 식자재 유통에 진출할 수 있도록 길을 열어줍니다. 대기업들은 진출과 동시에 낮은 가격을 무기로 중소 유통업체를 고사시킨 후 납품가를 대폭 올리는 방법으로 이윤을 창출했습니다. 그것만이 아닙니다. 소매업에도 진출합니다. 이마트, 홈플러스, 롯데마트 같은 기업형 슈퍼마켓SSM과 곳곳에 생긴 편의점이 바로 그것입니다. 생산부터 유통, 판매까지 장악해 시장에서의 공급량과 가격 결정권까지 갖게 된 것입니다.

경제대통령이라던 MB가 누구를 부자로 만들었는지는 분명합니다. 김포공항 바로 옆에 자리 잡고 지역 경제를 이끌던 공항시장은 대형마트가 들어서면서 몰락했습니다. 40여 년의 역사를 지닌 광주 계림동 호남시장도 마찬가지입니다. 2006년 1,610곳이었던 전통시장은 대형마트의 진출에 밀려나 2017년 1,450곳이 남았습니다. 전통시장 160곳이 사라진 겁니다. 국가통계포털사이트KOSIS에 따르면 대형마트는 그동안 497개로 늘어났습니다. 매장규모 150㎡ 이하의 기업형 슈퍼마켓은 1,353개, 집 앞 구멍가게를 밀어낸 편의점 수는 3만 9,549개에 달합니다.

손바닥만 한 가게, 작은 회사라도 우리 이웃들은 한때 사장님이었습니다. 대기업 유통업체들이 흑자 잔치를 벌였던 지난 9년, 두 정권 만에 이들이 사라졌습니다. 자본에 밀려난 사람들은 질 낮은 일자리로 옮겨갔습니다. 모두 시간제 알바가 되거나 비정규직이 됩니다. 열심히 일해도 자본소득을 뛰어넘을 수 없는 근로소득자들이 생겨난 것이지요. 소득의 양극화가 발생한 겁니다.

한편 외환위기 이전 80% 수준의 무모한 기업대출을 감행하던 은행은 위기 이후 기업대출을 하지 않는 방향으로 움직입니다. 금융권의 기업대출 규모는 2017년 기준 47%까지 줄어들었습니다. 대출을 받지 않고 사업할 수 있는 기업은 소수 재벌뿐입니다. 돈이 꼭 필요한 중소기업의 목줄마저 조이면서 경제가 활력을 잃어 갔습니다. 줄어든 기업대출의 비중을 금융기관은 아파트 담보대출 같은 우리나라에서 가장 안전한 자산에 투자합니다. 그렇게 돈은 부동산으로 흘러듭니다.

이미 도로, 항만, 철도와 같은 사회간접자본이 확충된 상황에서 그 돈은 전부 아파트값 상승을 유인했습니다. 1억 원이면 살 수 있던 수도권 20평 아파트가 불과 몇 년 사이에 5~6억 원으로 뛰어버립니다. 대기업의 몸집 불리기를 흉내 내듯 집을 가진 사람들은 은

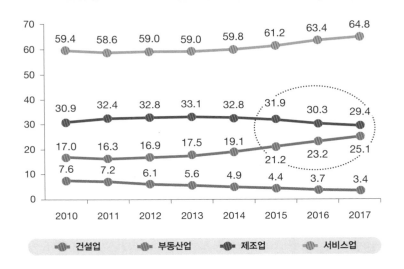

업종별 기업대출 비중   단위: %

	2010	2011	2012	2013	2014	2015	2016	2017
서비스업	59.4	58.6	59.0	59.0	59.8	61.2	63.4	64.8
제조업	30.9	32.4	32.8	33.1	32.8	31.9	30.3	29.4
부동산업	17.0	16.3	16.9	17.5	19.1	21.2	23.2	25.1
건설업	7.6	7.2	6.1	5.6	4.9	4.4	3.7	3.4

🔹 건설업   🔹 부동산업   🔹 제조업   🔹 서비스업

출처: 금융감독원

행에서 다시 돈을 빌려 부동산에 재투자합니다. 아파트 값은 계속 상승하고 집을 아무리 지어도 국민의 절반은 무주택자로 남는 시장경제의 실패가 일어납니다. 집을 가진 자와 그렇지 못한 자 사이에 자산의 양극화가 발생한 것입니다.

앞에서 소득의 불균형을 봤으니, 자산의 불균형은 어느 정도인지 볼까요? 자산의 불평등은 2013년까지 집계 되었습니다. 세계불평등데이터베이스의 자료에 따르면, 상위 1%가 국가 전체 자산의 25%를, 상위 10%가 65.7%를 갖고 있습니다. 반면 하위 50%가 전체 자산에서 차지하는 비중은 1.8%에 불과합니다. 소득 불평등도, 자산의 불평등도 심각합니다. 이제는 성장의 패러다임을 바꿔야 할 때입니다.

한 번도 가보지 않은 길, 새로운 성장 패러다임을 생각하다

1990년대, 쫓기는 위치에 올라섰을 때 우리는 경제정책의 패러다임을 바꾸어야 했습니다. 하지만 못했지요. 외환위기 이후 진보 정권이 두 번, 보수 정권이 두 번 집권했지만 박정희식 경제개발 패러다임을 벗어나지 못했습니다. 수출주도형, 재벌 중심의 성장 정책을 그대로 유지했습니다. 대기업의 투자를 촉진시켜 일자리를 늘리고 소득과 분배를 개선하려 했지요. 이명박 정권 내내 고환율을 유지하며 수출만이 살 길인 것처럼 대기업을 밀어주었어도 일자리는 늘어나지 않았습니다. 2008년 이후 가계의 실질소득증가율도 사실상 정체되어 있는 상황입니다.

박근혜 정부 후반부터 우리나라에서도 다른 길을 모색해야 한다는 이야기가 나왔습니다. OECD와 IMF도 그렇게 권고했습니다. 특히 IMF는 2008년부터 수출주도형 재벌 중심의 투자정책, 소위 낙수효과를 노리는 정책은 경제 구조의 변화로 수명을 다했다고 진단하며 대안으로 포용혁신성장을 제안합니다. 포용혁신성장에 대해서는 다시 이야기를 하겠지만 이제는 고무신을 신고 달리던 기억에서 벗어나야 합니다. 우리는 이제 세계 11권 내외의 경제규모와 6~7위의 수출규모를 유지하는 나라입니다. 하지만 임금 수준은 OECD 가입 37개국 중 28위의 저임금이며 노동시간은 멕시코에 이어 두 번째로 깁니다.

저임금, 장시간 노동으로 성장하는 방법은 이제 우리 덩치에 맞지 않습니다. 그러기엔 양극화가 너무 심각합니다. 신자유주의 경제정책, 낙수효과, 대기업 위주의 성장정책으로는 소득양극화와 자산양극화를 개선할 수 없습니다. 새로운 부자가 탄생할 가능성이 없는 사회는 이미 죽은 사회입니다. 이제 새로운 성장 패러다임이 필요합니다.

한강의 기적이 미래의 성공을 보장하지 않는다

PART 2

사람이 자본이 되는 사회
- 포용혁신성장

» 문제는 정치다. "부자가 되기는 쉽게, 부자로 남기는 어렵게."

» 소득주도성장은 1932년 미국에서 뉴딜정책으로 처음 등장했으며 이미 성공을 거두었다.

» 포용성장은 모두가 함께 잘사는 세상, 성장의 과실이 골고루 돌아가는 사회, 인간으로서 최소한의 존엄을 보장하는 성장이다.

인간다운 노동 시간은
몇 시간?

여유와 여가를 즐기면서 인간다운 삶을 누리려면 하루에 몇 시간 일해야 할까요? 《게으를 수 있는 권리》의 저자 폴 라파르크는 하루 3시간이라고 했습니다. 아침 9시에 출근해서 점심식사와 함께 퇴근하는 꿈만 같은 근로 시간입니다. 사용자 입장에서는 말도 안 되는 헛소리지만 이 사람의 가계를 들여다보면 그럴 만도 합니다. 그의 장인이 공산주의를 주창한 칼 마르크스입니다. 역시 마르크스의 사위답습니다. 자유주의 세계에서도 한 사상가가 나타나 인간다운 노동 시간을 주창합니다. 철학자 버트런드 러셀입니다. 《게으름에 대한 찬양》에서 그는 하루 4시간이 적당하다고 했습니다.

19세기 초 영국 노동자들은 공휴일 없이 하루 15시간을 일했다고 합니다. 그런데 노동자들이 투표권을 획득한 후 공휴일이 법으로 지정되자 상류층들이 분개를 했습니다. "가난뱅이들이 놀아서 뭘 한다고. 그들은 일을 해야 해." 러셀은 어린 시절 늙은 공작부인이 했던 말을 회상하며 인간다움은 여가에 있다고 말합니다. 예술과 철학, 문화와 문명과 같은 인간다움의 뿌리는 모두 여가를 누리는 사람들이 창조한 것이라고 말이지요. 봉건귀족 시대가 아닌 만큼 모두에게 그럴 수 있는 권리를 주어야 한다고 했습니다.

러셀은 늙은 공작부인으로 대표되는 지주 계급의 게으름(여유, 여가)을 이렇게 표현합니다. "부자들은 수천 년에 걸쳐 노동의 존엄성을 역설해왔다. 자신들은 그 부분에 있어 존엄하지 않아도 되도록 애써 배려하면서 말이다. 그들의 게으름은 타인의 노동에 의해서만 가능하다." 그는 기술의 발달로 여가가 소수의 특권계층이 누리는 것에서 공동체 전체가 향유할 수 있는 자산이 되었다고 하며 이렇게 결론 내립니다. "선한 본성은 세상이 가장 필요로 하는 자질이며 힘들게 분투하며 살아가는 데서 나오는 것이 아니라 여유와 여가, 안전으로부터 나온다. 행복과 번영에 이르는 길은 조직적으로 일을 줄여가는 데 있다." 하루 4시간, 주 5일 20시간 근무. 사용자들은 차라리 기업 안 하겠다고 할 겁니다.

놀지도 쉬지도 않았는데
노후가 걱정인 대한민국

2018년 대한민국은 30-50클럽에 가입한 일곱 번째 국가가 되었습니다. 1인당 국민소득 3만 달러, 우리 돈으로 약 3,500만 원 시대가 열린 것이지요. 20-50클럽에 가입하면 보통 5년 내에 3만 달러를 달성하는데 우리는 상당히 늦었습니다. 늦었지만 그래도 쉬지 않고 열심히 달려왔으니 가능한 업적입니다. 일곱 개 국가 중 식민지 지배로 부를 착취하지 않은 나라는 우리나라뿐이니 자랑스러워하셔도 됩니다.

꿈에 그리던 3만 달러를 달성했으니 행복해졌을까요? 국민의 행복지수를 측정하는 여러 지표가 있습니다. 그중 하나가 자살률입니다. 아시겠지만 일본이 갖고 있던 1위 자리를 차지한 이후 13년간 우리는 한 번도 이 자리에서 내려오지 않았습니다. 행복지수를 측정하는 또 하나의 지표는 노동시간입니다. 문재인 정부가 출범하면서 '휴식 있는 삶, 생활의 균형 실현'을 목표로 주당 52시간 근무를 골자로 하는 개정 근로기준법을 2018년 7월 1일 자로 시행했습니다. 52시간은 법정 근로 40시간에 연장 및 휴일 근로 12시간을 합쳐서 나온 것입니다.

그러면 우리는 그동안 몇 시간을 일했을까요? 주 5일 근무자를

사람이 자본이 되는 사회 – 포용혁신성장

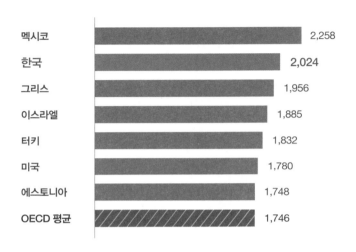

OECD 국가들의 노동시간

국가	노동시간
멕시코	2,258
한국	2,024
그리스	1,956
이스라엘	1,885
터키	1,832
미국	1,780
에스토니아	1,748
OECD 평균	1,746

※ 2017년 기준

자료 : 경제협력개발기구(OECD).

대상으로 조사한 결과, 우리는 하루 평균 8.7시간을 일했습니다. 개정된 근로기준법의 연장 및 휴일 근로 12시간을 적용하면 주 55.5시간입니다. 하지만 이건 평균의 함정입니다. 2017년 7월 18일 JTBC 보도에 따르면, 버스기사나 집배원처럼 노사합의에 따라 주당 12시간 초과 연장근로가 가능한 특례 업종의 경우 하루 14.2시간, 11시간을 일했습니다. 그 결과 사회적 비용이 발생했습니다. 각

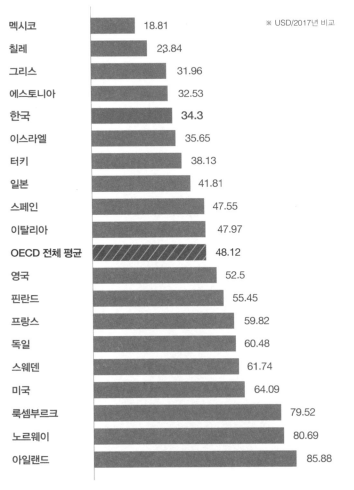

OECD 국가 시간당 노동생산성

※ USD/2017년 비교

멕시코	18.81
칠레	23.84
그리스	31.96
에스토니아	32.53
한국	34.3
이스라엘	35.65
터키	38.13
일본	41.81
스페인	47.55
이탈리아	47.97
OECD 전체 평균	48.12
영국	52.5
핀란드	55.45
프랑스	59.82
독일	60.48
스웨덴	61.74
미국	64.09
룩셈부르크	79.52
노르웨이	80.69
아일랜드	85.88

자료 : 경제협력개발기구(OECD).

종 사고와 과로사, 열악한 노동환경을 견디지 못한 자살, 가족 붕괴 등이 우리가 치르는 비용입니다.

2017년 OECD 기준 우리나라 근로자의 연평균 노동시간은 2,024시간으로 멕시코(2,258시간)에 이어 세계에서 두 번째로 높았습니다. OECD 평균이 대략 1,746시간입니다. 노동시간이 길다고 노동생산성이 높은 것도 아닙니다. 우리나라 노동생산성은 OECD 가입국 중 최하위권인 28위 부근을 맴돌고 있습니다. 노동시간이 제일 짧은 독일의 경우 2017년 주 34.4시간, 연 1,356시간에 일하면서 시간당 평균 60.48달러를 생산합니다. 우리는 시간당 평균 34.3달러를 생산합니다. 하루 8시간 일한다고 했을 때 독일보다 약 83.5일을 더 출근했는데 효율은 떨어집니다.

효율도 떨어지는데 우리는 왜 지독하게 긴 노동시간을 고수했을까요? 임금이 낮기 때문입니다. 여기까지 달려오는 동안 인건비를 아끼기 위해 대한민국은 본봉을 낮게 책정했습니다. 노동자가 부족한 돈을 채우려면 연장근무, 야간근무, 휴일근무에 딸려 나오는 수당을 받아들일 수밖에 없도록 설계한 것입니다. 저임금과 장시간 근로는 맞물려 있습니다. 소득 3만 달러는 그렇게 만들어졌습니다. 30-50클럽에 가입하고도 축배를 들 수 없는 이유가 이것입니다. 우리의 노동을 훔쳐 이룩한 성과이니까요.

경제는 발전했지만 걱정할 것만 생겼습니다. 오래 일한 만큼 노후 준비는 잘했을까요? 2018년 삼성생명 은퇴연구소가 조사한 바에 따르면 재무영역, 대인관계, 건강, 여가 항목을 각각 100점 만점으로 잡았을 때 재무영역의 점수가 67.8로 측정되었습니다. 양호해 보이지만 70점 미만은 은퇴 후 행복한 삶을 살기에 부족한 '주의' 단계입니다. 2012년부터 은퇴가 본격적으로 논의되면서 그나마 상승한 점수입니다. 이렇게 준비하고도 개인이 느끼는 자기평가에서는 2014년 57.7에서 2018년 49.6으로 떨어졌습니다. 그만큼 불안한 것이죠. 은퇴연구소는 노후 준비가 양호한 가정을 11% 정도로 집계합니다. 10가구 중 9가구는 노후가 불안하다는 말입니다. 젊어서 그렇게 열심히 일했는데도 늙어서 또 일해야 합니다. 얼마나 지독한 일개미들인지 '은퇴 후의 삶을 어떻게 즐길 것인가' 하는 여가 항목의 점수는 2014년 53.5에서 2018년 44.2로 계속 떨어집니다. 여러분들은 평생 일하지 않았을 늙은 공작부인의 말이 어떻게 들리십니까?

"가난뱅이들이 놀아서 뭐하게."

최후통첩게임에서
읽어야 할 것, 공정한 분배

실험경제학에서 사용하는 최후통첩게임이라는 것이 있습니다. 2인 1조로 돈을 분배하는 게임입니다. 1번 참여자가 돈을 어떻게 분배할 것인지 제안하면 2번 참여자는 이를 받아들이거나 거절할 수 있습니다. 받아들이면 돈을 나누어 갖고 거절하면 둘 다 돈을 받지 못합니다. 1번 참여자가 처음 제시하는 분배율이 마지막 제안이기 때문에 최후통첩게임이라고 합니다. 그리고 게임은 한 번으로 끝이 납니다. 판돈이 100달러일 때 어떻게 분배를 해야 참가자들은 사이좋게 돈을 나누어 가질 수 있을까요?

정확하게 반으로 나누면 재미가 없겠지요. 경제학자들은 1번 참여자에게 9:1, 혹은 8:2의 분배율을 제시하라고 지시했습니다. 고전경제학의 이론에 따르면 한 푼도 못 받는 것보다 조금이라도 갖는 것이 이득이기에 9:1의 파렴치한 제안이 와도 수락하는 것이 합리적인 선택입니다. 하지만 실험에 참가한 사람들은 9:1, 8:2의 제안을 모두 거절했습니다. 조금이라도 갖는 걸 포기하고 판을 엎어버렸습니다. 심지어 10달러가 몇 달치 월급에 해당하는 가난한 나라에서도 결과는 마찬가지였습니다. 7:3으로 비율을 올려도 거절하는 사람이 있었습니다. 거절하는 사람들은 대부분 강한 분노를 드러내면서 자리를 떠났다고 합니다. 최후통첩게임이 시사하는 바는 하나입니다. <mark>인간은 손해를 보더라도 불공정한 것을 참아내지 않습니다.</mark>

그동안 한국 사회의 비정상을 가리키는 말이 '과로사회'였습니다. 여기에 '분노사회'라는 말도 등장했습니다. 왜 분노했을까요? 경제가 성장하는 동안 가진 자들이 어떻게 법망을 빠져나가고, 어떻게 법을 이용하는지 수십 년 동안 목격해왔습니다. 여론이 어떻게 가진 자를 변호하는지도 봤습니다. 하지만 일이 잘못되었을 때 정작 나를 보호해줄 안전망이 우리 사회에 없었다는 것도 지난 10년 동안 확인했습니다. 정부의 무능력을 확인한 2014년 4월 16일 세월호사건 이후 '각자도생'이라는 말이 등장합니다. 2016년에는 구의역 스크린 도어를 수리하던 비정규직 직원이 열차에 치여 사망했습니다. 19살 청년의 가방에는 먹지 못한 사발면 하나가 있었습니다. 많은 시민들이 사고 현장에 청년을 추모하며 사발면을 가져다놓은 것은 무엇을 말하려던 것일까요? 국가는 사회적 갈등과 시민의 분노를 해결하는 데 무능했습니다. 오히려 반대의 측면에선 유능했지요.

사람이 자본이 되는 사회 - 포용혁신성장

정부가 제안한
최후통첩게임

한 사회가 생산한 부를 재분배하는 대표적인 정책 수단이 조세제도입니다. 조세정책은 정부가 우리에게 제안하는 최후통첩게임이나 다름없습니다. 이민을 가지 않는 한, 이 판을 엎을 수 없다는 것만 다를 뿐입니다. 그동안 최후통첩을 어떻게 했는지 볼까요? 이명박 정부는 소득 재분배율이 높은 소득세와 법인세를 낮추었습니다. 부자들이 내는 종합부동산세는 57.4%나 인하했고 개별소비세도 줄였습니다. 반면 누구나 부담하는 간접세에서 서민의 부담이 큰 유류세와 주류세를 각각 22%, 27% 올렸습니다.

박근혜 정부도 만만치 않았습니다. 대기업과 고소득층에 유리한 비과세 항목을 늘렸습니다. 생산성 향상과 안전을 위한 설비투자에 모두 세액 공제를 적용시키고 기업 상속세 공제는 2배, 증여세 공제 한도도 6배로 늘렸습니다. 반면 서민들이 부담하는 간접세는 심하다 싶을 정도로 올렸습니다. 대표적인 것이 담뱃값입니다. 한마디로 부자들이 내는 세금은 왕창 깎아주고 중산층과 서민들이 내야 하는 세금은 대폭 올린 겁니다.

판을 엎을 수 없으니 국민은 다른 방법으로 저항했습니다. 광화문 광장을 뜨겁게 달궜던 촛불혁명은 분노의 온건한 표현입니다.

과격한 표현은 자살률입니다. 13년간 1위 자리를 놓지 않던 우리는 지난해 2위가 됩니다. 하지만 이는 절대 빈곤과 소득 격차, 낮은 경제성장으로 진통을 겪고 있는 신생독립국 리투아니아가 끼어든 것이니 큰 의미가 없습니다. 우리나라에서는 여전히 10만 명당 25.6명이 스스로 생을 마감합니다. 또 다른 과격한 표현은 출산율입니다. 여성의 사회참여가 늘면 출산율이 떨어지는 것은 일반적인 현상이지만 속도가 너무 빠르고 너무 적게 낳습니다. 출산율이 해마다 낮아지더니 2017년에는 1.05로 떨어졌고 2018년에는 0.98로 집계되었습니다. 초저출산국가 중에서도 가장 낮은 수치입니다.

다자녀 전통이 있는 국가에서 이주해온 여성들도 국내 여성들만큼 아이를 낳지 않는다는 통계는 무엇을 말하는 것일까요? 그만큼 우리 사회가 아이를 낳고 기르기 힘들다는 얘기입니다. 일과 가정을 함께 병행할 수 없기 때문입니다. 결혼·출산·육아·보육·교육·주거에 개인 부담이 너무 크기 때문입니다. 자신이 경험하고 있는 불행을 아이에게 물려주고 싶지 않기 때문입니다.

높은 자살률과 낮은 출산율은 정부를 향한 최후통첩, 즉 소득 재분배에 대한 국민들의 대응입니다. 2만 달러, 3만 달러의 소득을 달성하는 동안 우리 경제는 그 혜택을 고루 나누지 않았습니다. 소수의 가진 자들의 목소리에만 민감하게 반응했습니다. 이렇게 성장하면 우리 사회는 지속될 수 없습니다. 늦었지만 대한민국은 성장의

사람이 자본이 되는 사회 – 포용혁신성장

패러다임을 다시 생각해야 합니다.

바닥난 신뢰자본과
임산부 배려석

사회적 자본이라는 말이 있습니다. 생산 활동이 이루어지기 위해 필요한 사회적 기반을 가리키는 순수 경제학 용어로 사회주의와는 관련이 없습니다. 토지와 기계, 건물, 원료와 같이 생산 활동에 직접 투입되는 직접자본과도 성격이 다르고 항만, 철도, 전력, 물류처럼 생산 활동을 간접 지원하는 간접자본(인프라)과도 성격이 다릅니다. 인적자본과 물적자본이 풍부하면 생산성이 높아지는 것과 마찬가지로 사회적 자본 역시 풍부하면 생산성이 높아집니다. 한 마디로 자본주의가 제대로 굴러가기 위해 꼭 필요한 요소입니다.

쉽게 설명하기 위해 예를 들지요. 1991년 소련이 붕괴되고 그 자리에 러시아가 새로 들어섰을 때 서구 학자들은 러시아의 고도 경제성장을 예상했습니다. 하지만 예상과 달리 러시아는 마이너스 성장을 기록 합니다. 물적자본이나 인적자본이 변한 것도 아니고 천연자원 또한 달라진 것이 없었지만, 경제를 비효율적으로 운영하던 중앙집권식 계획경제가 사라지고 효율적인 시장경제가 들어섰으니 생산성이 높아져야 정상이었지요.

이때 경제학자들이 간과한 것이 사회적 자본이었습니다. 74년 간 이어진 공산당의 지배와 통제로 인해 서로가 서로를 감시해왔던 러시아는 사회적 자본이 붕괴되어 있었습니다. 그동안 누구도 믿지 않고 살아온 러시아 국민들이지만, 통제가 사라지면 사람들이 저마다 자신의 이익에 따라 행동할 것이라고 생각했습니다. 그런데 사람들은 엉뚱한 방향으로 움직였습니다. 예컨대 어디에 쓰겠다는 생각도 없이 집단농장의 유리를 훔쳐가기 바빴습니다. 내가 먼저 차지하지 않으면 다른 사람이 빼앗아간다는 불신이 사회 전반에 팽배했던 것이지요.

신뢰, 소속감, 미래에 대한 낙관, 사회규범 준수, 사회 안전망에 대한 믿음, 다양성 존중 등이 사회적 자본입니다. 이 중에서 가장 중요한 것은 신뢰입니다. 신뢰는 다른 사회적 자본의 밑바탕이면서 자본주의를 움직이는 숨은 동력입니다. 커피 한 잔을 사더라도 신뢰가 없으면 거래가 쉽게 이루어지지 않습니다. 상대가 용량이나 내용물을 속이지 않는다는 믿음이 있어야 소비자가 마음 놓고 돈을 지불합니다. 믿을 수 있어야 시장경제가 돌아갑니다.

신뢰가 무너지면 엄청난 부대비용이 발생합니다. 예컨대 속지 않기 위해 저마다 커피 용량을 잴 잔이나 저울을 들고 다녀야 하겠지요. 처벌받을 염려가 없다는 이유로 계약을 번번이 깨버린다면, 사업하는 사람들은 법적 효력을 얻기 위해 회사가 아니라 법원 앞에서 더 많은 시간을 보내게 될 겁니다. 이러면 일상생활이 불편하고 모든 거래는 짜증스러워집니다. 러시아는 1997년에야 겨우 1%대 성장률을 기록할 만큼 신뢰자본이 바닥이었습니다.

그렇다면 우리 사회의 신뢰자본은 어떨까요? 유감스럽지만 저는 위험하다고 봅니다. 최근 임산부 배려석을 두고 벌어지는 남녀 간의 갈등을 보면 그런 생각이 듭니다. 임산부 배려석은 2013년 12월에 시행되었습니다. 시간이 흐른 만큼 안착됐어야 할 규범이고 약속이지만 갈등만 깊어졌습니다. 임산부 배려석에 남자가 앉아 있으면 '남자가 앉아 있다'고 신고 전화가 들어온다고 합니다. 아이폰 사용자들은 공유 기능을 이용해 망신 주는 메시지를 주고받는다고 합니다. 임신 초기는 겉보기에 표가 나지 않으니 "앉지 말고 비워두어야 한다"는 주장도 일리가 있지만 임산부 배려석은 노약자 지정석과 달리 원칙적으로 '배려'입니다.

배려는 믿음을 기반으로 하는 것입니다. 임산부나 임신 배지를 달고 있는 사람이 나타나면 자리를 비켜준다는 사회적 약속입니다. 사회적 약속을 토대로 하지만 신뢰 부족으로 서로가 이 약속을 믿지 않고 있습니다.

왜 믿지 못하는
사회가 되었나?

이유는 하나입니다. 사회적 자본은 직접자본과 간접자본과 성격
이 달라서 기업이나 시장은 사회적 자본에 투자하지 않습니다. 사
회적 자본을 튼튼하게 만드는 일은 오로지 정부의 몫입니다. 그런
데 지난 10년 동안 정부는 해야 할 일을 하지 않았습니다.

최순실 딸 정유라의 특혜 입학, 강원랜드 채용비리, 특정 대학 졸
업생의 점수를 조작한 은행들의 채용비리를 국민들이 목격했습니
다. 조금 더 도덕적이고 경제적 약자 편이라고 생각했던 민주노총
이 고용세습을 관례라고 주장하는 것도 보았습니다. 가장 공정했어
야 할 사법부가 정치권과 뒷거래를 한 사실도 드러났습니다. 사회
곳곳에 반칙이 난무했지만 정부는 적절한 역할을 하지 않았습니다.
오히려 직접 개입하거나 방조했습니다. 공정성이 손상되고 개인의
노력이 인정받지 못하다 보니 저마다 자기 몫으로 떨어진 것을 놓
지 않으려는 사회가 되고 말았습니다. 임산부 배려석은 여성에게
할당된 자산이 되었고 그 자리에 앉은 남성들은 재산권을 침해한
사람이 되고 만 것입니다.

우리는 오랫동안 신뢰자본을 고갈시키는 방향으로 성장해왔습니
다. OECD는 5년 주기로 세계가치조사World Values Survey를 통해 한 국

가의 경쟁력을 평가합니다. 1981년 처음 조사했을 당시, 우리의 신뢰지수는 38%였고 두 번째 조사에서는 34.2%, 그리고 2010년에서 2014년에 조사된 6차 조사에서는 27%로 내려앉았습니다. 복지와 사회안전망이 잘 갖춰진 북유럽 국가들의 신뢰수준이 68%임을 감안할 때 상당히 낮습니다. 세계가치조사에는 300여 개의 질문이 있지만 "가족 외에 다른 사람을 믿을 수 있느냐?"는 이 단순한 질문에 동의한 사람이 27%밖에 되지 않는 것입니다.

원칙적으로 임산부 배려석은 필요하지 않았습니다. 노약자 지정석의 한 자리가 이미 임산부의 것입니다. 노인들이 배타적인 권리를 주장하면서 갈등을 줄이기 위해 만든 것입니다. 그런데 해결책이 또 다른 갈등을 낳았습니다. 박정희식 경제개발 모델로 성장해 오는 동안 많은 국민들이 당연히 가져야 할 제 몫을 쥐어보지 못한 탓입니다. 대기업 위주 수출주도 정책을 진행하면서 중소기업들의 경제 공헌을 배제한 탓입니다. 동일한 노동을 하면서도 같은 대우를 받지 못하는 비정규직의 설움을 해결하지 못한 탓입니다. 지하철 자리 하나조차 뺏겨서는 안 되는 자산으로 여길 만큼 대한민국의 사회적 자본은 바닥입니다. 이런 사회는 지속할 수 없습니다.

바보야!
문제는 정치야

2014년은 토마 피케티 교수가 《21세기 자본》 영어판을 출간하면서 소득과 부의 불평등이 세계 경제학계의 화두로 떠오른 해였습니다. 오랜 시간에 걸쳐 수집한 데이터를 통해 신자유주의 방법론과 낙수효과를 부정한 탓에 낙수효과 신봉자들에게는 상당히 불편한 책입니다. 미국 대학원생들의 서가에 반드시 꽂혀 있지만 어려워서 안 읽기로도 유명한 책이니 따로 설명은 안 하겠습니다. 생략해도 되는 이유는 대한민국엔 이미 독후감이라고 해도 될 만큼 책의 내용을 요약할 수 있는 단어가 있기 때문입니다. '금수저, 흙수저'가 바로 그것이지요. 피케티는 돈이 돈을 버는 속도가 사람이 일해서 돈을 버는 속도보다 더 빨라 자본주의가 봉건시대의 계급구조를 닮아가고 있다고 비판합니다. 그는 책에서 이런 현상을 '세습자본주의'라고 표현했습니다.

과거에는 가난한 부모 밑에서 태어났어도 개인의 노력만으로 성공할 수 있었습니다. 하지만 지금은 어떤 부모를 두었느냐가 개인의 미래를 더 크게 좌우하는 요인이 되었습니다. 재벌 2세로 살고 싶은데 아버지를 재벌로 만들 방법을 모르겠다는 자조적인 농담이 젊은이들의 입에서 나오는 세상입니다. 젊은이들은 이제 꿈을 꾸려

사람이 자본이 되는 사회 - 포용혁신성장

고 하지 않습니다.

'바보야, 문제는 경제야!' 1992년 아버지 부시의 재선을 가로막고 젊은 빌 클린턴을 대통령으로 당선시킨 구호입니다. 실제 그는 신자유주의의 틀 안에서도 최악의 불황 속에 빠져 있던 미국 경제를 살려냈습니다. 그의 뒤를 이어 대통령이 된 아들 부시 시절 미국은 다시 불황에 빠져 몇 번의 마이너스 성장까지 기록합니다. 여기서 '문제는 경제야'라는 구호에 담긴 진짜 의미를 알 수 있습니다. '진짜 문제는 정치'입니다. 좋은 경제정책을 선택해 펼칠 수 있는 올바른 정치가 없으면 경제는 문젯거리만 양산할 뿐입니다.

기업은 이윤(성장)이라는 하나의 목표를 추구하면 되지만, 정부는 국가의 성장(이윤)과 분배를 항상 함께 생각해야 합니다. 그래서 정부가 새로 들어서면 항상 국가의 미래를 좌우할 경제정책의 거시적인 틀을 발표합니다. 이해관계에 따라 논란이 따라오는 것은 당연한 수순입니다. 문제는 분배에 방점을 찍을 경우 보수 세력의 저항이 만만치 않다는 것입니다. 반면 성장에 주안점을 두면 언론은 온통 호의적인 반응을 보입니다.

이명박 정권의 747공약을 기억하실 겁니다. 7%의 성장률로 국민소득 4만 달러, 세계 7위의 강대국으로 대한민국을 성장시키겠다는 그의 공약은 747점보기의 이미지와 성공한 CEO라는 이력이 합쳐져 국민들에게 강한 메시지를 전달했습니다. 선거캠프 내부에서

구직 대신 창직하라

도 불가능한 공약이라고 반대하는 일부 목소리가 있었지만 무시되었지요. 당선이 확정된 후에는 잘하면 가능하다고 아부를 떤 전문가도 있었고 보수언론은 금방이라도 대한민국이 날아오를 것처럼 떠들었습니다. 양식 있는 일부 학자와 언론만이 그 허구성을 지적했습니다.

대조적으로 김대중 정부 시절 상속증여세를 강화했을 때 언론이 어떤 태도를 보였는지 말씀드리지요. 당시 보수언론은 정부의 상속증여세 인상안을 '죽는 것도 억울한데 세금까지 두드려 맞는 꼴'이라고 맹렬히 비판했습니다. 상속세를 내기 위해 정든 집을 팔고 거리로 나앉아야 한다, 거기에 증여세까지 물게 생겼다는 둥 서민과 중산층의 불안을 자극했습니다.

벤츠 모는 사람이나 티코 타는 사람이나 주차료가 아깝기는 매한가지입니다. 세금 좋아하는 사람은 없습니다. 하지만 모든 세금이 나쁜 것은 아닙니다. 당시 재경부 세제실장으로 근무했던 저는 한 텔레비전 토론회에서 '부자가 되기는 쉽게, 부자로 남는 것은 어렵게' 만드는 것이 가장 좋은 조세정책이라며 상속증여세의 취지를 설명했습니다. 표현이 간결하고 좋았는지 다음날 김대중 전 대통령 당신이 이 말을 써도 되겠느냐며 저작권 인도(?) 요청을 받은 기억이 있습니다.

'땀 흘려 번 소득은 낮게, 불로소득은 높게' 부과하는 것이 과세의 기본 철학입니다. 좋은 정부는 국민의 주머니를 털기 위해 세금을 운용하지 않습니다. 사회에 활력을 불어넣고 국가경제의 기틀을 바로잡기 위해 세금을 운용합니다. 거둬들인 세금으로 정부가 하는 일은 굉장히 많습니다. 투자와 노동을 장려하고, 외자 도입과 수출을 촉진하고, 특정 산업을 지원하며, 교육과 복지를 확충할 때도 조세는 위력을 발휘합니다. 제대로 된 정부라면 누구에게서 어떻게 세금을 걷어야 하는지 분명히 압니다. 그럼에도 소수의 특권층이 상속증여세를 피하기 위해, 또는 종합부동산세를 내지 않기 위해 언론을 등에 업고 중산층의 불안감을 자극하는 것이 우리의 여전한 현실입니다.

법인세와 관련된 논란도 마찬가지입니다. 보수언론과 보수학자들은 우리나라는 법인세가 높아 기업하기 힘들다고 끊임없이 주장하지만 과연 그럴까요? 세계 4대 회계법인의 하나인 KPMG의 자료를 갖고 와보겠습니다. 2003년 미국의 법인세는 34%, 독일은 39.58%, 일본은 42%, 영국은 30%였습니다. 한국은 신자유주의 전도사 미국보다 낮은 29.4%였습니다. 매년 세율이 조정되지만 비슷한 세율을 유지하다가 2018년 미국은 27%, 독일은 30%, 일본은 30.86%, 영국은 19%로 바뀝니다. 작년 한국의 법인세는 25%입니다. 2018년 세계 평균이 24.03%이니 낮다고 할 수 없지만 과도하게 높은 것도 아닙니다. 기업 투자를 활성화시킬 수 있다면 정부는 얼마든지 법인세를 낮출 수 있습니다. 또 재정 건전성을 확보하기 위해 법인세를 올릴 수도 있습니다.

법인세 또한 경제의 전체적인 틀 안에서 봐야 합니다. 기업 투자에 영향을 미치는 것은 법인세 외에도 기업의 부채비율, 현금 흐름, 경영자 소유 지분 변화, 환율과 경기 변동, 주식 가격 등 여러 요인이 있습니다. 법인세 때문에 기업이 투자하지 않는 것은 아닙니다. 우리 기업의 중국 진출이 최고점에 달했던 2003년 중국의 법인세는 33%였습니다. 이윤을 남길 수 있다면 법인세가 높아도 기업은 투자를 합니다. 그럼에도 언론은 기업의 입장만을 대변합니다. 조세 형평성까지 고려해야 하는 정부의 입장은 생각하지 않지요. 정부는 그들에게 많은 광고를 싣지 않으니까요.

내수시장에 숨어 있는
성장 잠재력

우리가 잘못 알고 있는 경제 상식이 또 있습니다. '내수시장이 작아 수출만이 살 길'이라는 믿음입니다. 한때는 올바른 믿음이었지요. 70~80년대는 워낙 가진 것이 없어 기업이 자랄 수 있는 내수시장 자체가 없었으니까요. 하지만 산업이 고도화된 지금 우리가 어

사람이 자본이 되는 사회 - 포용혁신성장

느 정도의 규모인지 돌이켜보아야 합니다.

30-50클럽의 50은 인구 5,000만 명을 가리킵니다. 인구 5,000만 명은 독자적인 내수시장을 갖추었느냐를 가리키는 지표입니다. 소득 3만 달러가 넘어도 인구가 적으면 이 클럽에 가입하지 못합니다. 스위스, 스웨덴, 덴마크, 싱가포르 등이 그런 나라입니다. 이 나라들은 무역의존도가 높습니다. 도시국가 싱가포르의 무역의존도는 300%가 넘습니다. 우리는 무역의존도가 90%가 넘습니다. 인구 규모로 볼 때 굉장히 높은 수치입니다. 엇비슷한 규모를 가진 영국, 스페인, 프랑스의 무역의존도는 40%대입니다. 무역의존도가 높으면 세계 경기의 영향을 많이 받습니다. 경기가 침체되면 수출량이 줄기 때문이지요.

일정 규모의 내수시장을 갖고 있으면서도 국내총생산에서 내수가 차지하는 비중은 50~60%에 불과합니다. 30-50클럽 국가들은 대체적으로 75% 수준이고 미국은 88%, 일본은 84%대에서 움직입니다. 내수 비중이 낮다는 것은 가계의 소득이 적어서 소비할 여력이 없다는 말입니다. 절대적 인구 규모와 국민 개개인의 높은 소득, 내수의 핵심은 두 가지입니다. 다들 인구 5,000만이 작다고 생각하지만 세계 기준에선 결코 작지 않습니다.

2018년과 2019년 최저임금을 올렸지만 금방 내수의 힘이 커지는 것은 아닙니다. 분명한 것은 지난 두 정부처럼 고소득자, 대기업의 소득을 올려주는 방식으로는 내수시장이 커지지 않는다는 점입니다. 우리가 가진 잠재력이 무엇인지 알아야 합니다.

가상의 대한민국에서
일어나는 일

내수시장과 소득 재분배의 중요성을 간단한 우화로 알기 쉽게 만들어 봅시다. 대한민국 인구를 100명이라 하고 한 해 총소득을 1,000만 원으로 잡습니다. 이 가상의 대한민국은 내수시장만 존재하는 고립된 나라입니다. 모두에게 공평하게 재분배되면 1인당 10만 원을 나눠가지게 됩니다. 한 해 동안 식사와 여가생활, 주거, 교육, 의료 등에 필요한 모든 비용을 10만 원이라고 하고 이를 모두 소비하면, 다음해 다시 1,000만 원의 총소득이 발생합니다. 내가 소비를 하면 그것은 곧 다른 누군가의 소득이 되기 때문입니다. 이 과정을 해마다 반복하면 국가총소득은 늘 1,000만 원으로 유지됩니다. 따라서 모두 먹고사는 데 아무 지장이 없습니다.

이제 소득 불균형의 상황입니다. 상위 10명이 총소득의 45%을 갖게 된다면 어떤 일이 벌어질까요? 상위 계층에게 450만 원이 먼저 돌아갑니다. 나머지 90명은 550만 원으로 나눠가져야겠지요. 90

명이 공평하게 나눠가진다면 대략 6만 1,000원이 돌아갑니다. 상위 10명은 여전히 10만 원을 소비할 수 있습니다. 그들은 남은 35만 원을 저축할 것입니다. 하지만 하위 90명은 소비를 줄여 6만 1,000원으로 한 해를 살아야 합니다. 아파도 병원에 안 가고, 외식도 줄이고, 문화생활도 소득에 맞춰 덜 하는 것입니다. 이러면 하위 90명의 소비로 인해 발생한 소득은 549만 원이 됩니다. 소비를 줄이지 않은 상위 10명에게서 발생한 소득 100만 원과 합치면 국가총소득은 649만 원으로 내려앉습니다. 이 과정이 반복되면 어떤 일이 벌어질까요?

다음해가 되면 상위 10명은 649만 원의 45%에 해당하는 292만 500원을 차지하고 나머지 국민들은 356만 9,500원을 나눠가지게 됩니다. 소수점을 떼면 일인당 대략 3만 9,600원입니다. 이런 식이면 해가 갈수록 모든 사회 구성원들의 소득이 줄어들게 됩니다. 그런데 상위 계층에게는 좋은 일이 기다리고 있습니다. 더는 소비를 줄일 수 없는 한계상황이 되면 하위 계층은 빚을 내게 됩니다. 빌려줄 수 있는 사람은 상위 10명뿐이니 그들에게서 빚을 져야겠지요. 빚은 이자를 물게 되어 있습니다. 이제 상위 10명에게서 불로소득(자본소득)이 발생합니다. 땀 흘리지 않고 돈을 벌게 된 겁니다.

이제 인구 100명의 대한민국은 노동으로 돈을 버는 것보다 돈이 돈을 버는 속도가 더 빠른 '금수저, 흙수저'의 나라가 되었습니다.

단순화시켰지만 신자유주의의 성장은 이렇게 만들어졌습니다. 기대했던 낙수효과에 따라 상위 계층이 소비(고용 확대와 투자)를 늘렸어야 하는데 소비를 늘리지 않은 것이지요. 그렇게 소비가 줄면 경기는 위축됩니다.

위에서 물이 내려오지 않았으니 밑에서 뿜어 올리겠다는 것, 이것이 문재인 정부가 추진하는 분수효과, 소득주도성장입니다.

왜 소득주도성장인가?

문재인 정부는 불리하게 출발했습니다. 2017년 5월 당선이 되면서부터 인수위 기간 없이 바로 대통령으로 일을 시작했습니다. 전임 정부가 일을 제대로 해 탄핵당하지 않았더라면 적어도 2개월의 인수위 기간을 가질 수 있었습니다. 인수위 기간 동안 당선자와 집권 세력은 굉장히 많은 일을 준비합니다. 공약을 실행할 때 현장에서 나타날 부작용을 최소화하기 위한 제도적 뒷받침을 마련하고 내각을 구성할 인사들을 검증하는 것도 이 기간에 하는 일입니다. 현정부는 그 시간을 탄핵당한 전임정부의 관료들과 불편한 동거를 하며 바로 국정을 살펴야 했습니다. 게다가 야당의 비협조로 내각이

사람이 자본이 되는 사회 - 포용혁신성장

구성되기까지 4개월이 넘는 시간이 걸렸습니다.

자영업자 비율이 30%대를 오르내리는 우리 경제상황에서 최저임금 인상은 추진하기 전에 굉장히 세밀하게 조율되었어야 하는 사안이었지만 그렇게 할 시간이 없었던 것이지요. 이 약점을 언론이 끈질기게 물고 늘어졌습니다. 최저임금이 인상되기 전부터 소상공인과 자영업자들의 인건비 부담이 커져 경제가 망한다고 공포 분위기를 조성했습니다. 경제 주체들의 불안 심리를 자극해 선거 때부터 우리 정부가 강조한 소득주도성장의 동력을 꺼뜨리겠다는 듯이 말이지요.

사실 소득주도성장론은 우리가 먼저 주장한 것이 아닙니다. 국제통화기금, OECD, 국제노동기구ILO, 유엔무역개발회의 등이 지속적으로 권고한 사항입니다. 이들 기구는 소득불평등을 개선하고 빈곤을 해소해 경제를 안정화시키기 위해선 최저임금을 큰 폭으로 인상해 민간 차원의 소비를 진작시키라고 했습니다. 그러나 지난 두 정부는 이런 권고를 무시하고 수출주도 정책을 펼쳤습니다. 그러는 동안 내수소비는 위축되고 실질임금은 정체되었으며 양극화의 골은 더 깊어졌습니다.

이웃 우방국들이 우리보다 먼저 이같은 고민을 했습니다. 오바마 대통령은 2015년 신년연설 때 "1년에 1만 5,000달러가 안 되는 돈으로 가족을 부양할 수 있다고 믿는다면, 그렇게 한 번 살아보라"면

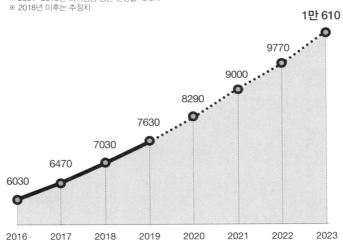

평균 인상률 적용 시 최저임금 추정 단위: 원

※ 2001~2016년 최저임금 평균 인상률=8.6%
※ 2018년 이후는 추정치

1만 610

9770

9000

8290

7630

7030

6470

6030

2016 2017 2018 2019 2020 2021 2022 2023

서 최저임금을 7.25달러에서 10.10달러로 인상하겠다고 했지요. 트럼프 행정부가 들어선 지금은 주 정부가 나서 최저임금을 15달러로 올리는 실정입니다. 뉴욕이 먼저 나섰고 워싱턴과 캘리포니아가 뒤를 잇기로 했습니다. 나머지 주도 뒤를 따르겠지요. 일본과 독일도 성장 패러다임이 한계에 부딪혔다고 보고 최저임금 인상을 통한 소득주도성장으로 정책기조로 바꿨습니다. 우리도 그동안 분배를 너

	후보	달성 시점	방안
	문재인 더불어민주당	2020년	» 소기업·자영업자 지원 대책 병행
	홍준표 자유한국당	2022년	» 최저임금 위반 제제 강화 » 중소기업·자영업자 위한 세제 혜택 등 지원
	안철수 국민의당	2022년	» 영세기업·자영업자 지원 병행
	유승민 바른정당	2020년	» 영세업체 근로자 4대 사회보험료 국가 지원 » 최저임금 상승분을 하청단가에 명시적 의무 반영 » 최저임금 위반시 징벌적 배상
	심상정 정의당	2020년	» 가구 생계비 포함 최저임금 설정 기준 합리화 » 최저임금 위반 사업주 단속·처벌 강화

대선 후보들의 최저임금 1만 원 공약

자료 : 중앙선거관리위원회

무 소홀히 생각했다는 것을 알고 있었기에 지난 대선 때 모든 후보
자들이 최저임금 인상을 공약으로 삼은 것 아니겠습니까?

최저임금 인상이 소득을 늘리고, 늘어난 소득이 소비로 이어지

구직 대신 창직하라

고, 소비가 투자를 이끌어내 최종적으로 일자리까지 늘어나는 선순환이 만들어지려면 최소 2년에서 3년의 시간이 필요합니다. 이를 위해선 기득권의 양보, 각종 정책 개혁, 사회적 합의와 타협이 있어야 합니다. 정부는 또 성공적으로 안착시키기 위해 여러 제도적 보완책을 만들고 조정해야 합니다. 근로장려세제를 비롯한 세제혜택과 고용안정자금 활용, 사회복지제도 확충, 임대차보호법 개정 같은 보완책을 끊임없이 고민하고 만들어야 합니다.

이 과정에서 언론은 정부가 보지 못한 것, 소홀히 다뤄진 것이 무엇인지 살피고 국민적 공감대가 형성될 수 있도록 해야 합니다. 하지만 우리 언론은 오해와 갈등을 부추기에 바쁩니다. 지난해 말 소상공인을 위해 가맹점 카드수수료율을 인하했을 때, 이제는 카드업계가 망하게 생겼다면서 정부의 보완책을 흠집 내기로 일관했습니다. 서민을 걱정하던 언론이 갑자기 대기업 걱정으로 돌아선 것이지요.

뉴딜정책,
소득주도성장의 시작

1930년대 대공황기 미국의 실상을 고발한 존 스타인벡의 소설

《분노의 포도》에는 오늘날의 양극화와 일자리 부족, 저임금 문제에 대한 통찰을 제공하는 여러 에피소드가 나옵니다. 다음은 일자리를 찾아 힘겹게 캘리포니아까지 이주한 주인공 가족이 마주한 현실입니다.

> "복숭아가 익었을 때 2주일 동안 3,000명이 필요해요. 인부를 구하지 못하면 복숭아가 썩어버리죠. 그래서 그 사람들은 사방에 전단지를 뿌려요. 그러면 필요한 사람은 3,000명인데 실제로는 6,000명이 몰려와요. 과수원 쪽에서는 자기들이 원하는 품삯으로 사람들을 골라 쓸 수 있어요."
> 일자리 하나가 생기면 열 명이 싸웠다. 낮은 품삯을 무기로 싸웠다. 저 사람이 30센트를 받으면 나는 25센트를 받겠다는 식이었다. … (중략)… 품삯은 자꾸 내려갔고 물가는 높아졌다. 지주는 기뻐서 더 많은 사람들을 끌어 모으려고 더 많은 전단지를 뿌렸다.

개별 기업이나 사용자 입장에서는 노동자들에게 임금을 적게 지불해야 이윤이 늘어납니다. 그런데 모든 노동자의 임금이 낮아지면 그만큼 시장의 수요가 줄어들고 결국 기업가들까지 고통을 겪게 됩니다. 상품을 만들어도 팔리지 않기 때문이지요. 시장이 정상적으로 작동하면 당연히 상품의 가격이 낮아져야 합니다. 하지만 대공

구직 대신 창직하라

황기 미국의 공급자들은 임금을 올리는 방식으로 대응하지 않습니다. 상품의 가격을 낮추는 방식도 쓰지 않습니다. 그들은 생산물 가격이 하락하는 것을 막기 위해 다른 방법을 씁니다. 잉여 농산물에 휘발유를 뿌려 굶주린 사람들이 먹지 못하게 만듭니다. 살기 위해 몸부림을 치는 노동자들에게 그들은 딱지를 부칩니다.

> 하인츠라는 친구가 있었는데, 3만 에이커나 되는 땅에 복숭아와 포도를 기르고 통조림 공장이랑 와인 공장을 갖고 있었다. 그는 늘 망할 놈의 빨갱이가 이 나라를 무너뜨리고 있다며 빨갱이를 몰아내야 한다고 말했다. 그때 서부에 온 지 얼마 안 된 젊은이가 물었다. "하인츠 씨, 여기 온 지 얼마 안 돼서 그러는데 빨갱이가 뭐죠?" …(중략)… "우리가 시간당 25센트를 주겠다는데 30센트를 달라고 하는 개자식들이 다 빨갱이야." …(중략)… "하인츠 씨, 저는 개자식은 아니지만 빨갱이가 그런 거라면 저도 30센트를 받고 싶어요. 다들 그래요. 그럼 우린 전부 빨갱이예요."

기득권은 일자리와 인간의 존엄을 되찾으려는 사람들을 '빨갱이'로 지목합니다. 이들은 기득권으로부터 탄압을 받습니다. 보수세력은 문재인 정부를 이렇게 표현하고 싶어 합니다. 하지만 그들도 압니다. 루스벨트의 뉴딜정책이 있었기에 대공황을 극복했다는 것을.

사람이 자본이 되는 사회 - 포용혁신성장

이때 미국은 자유주의 경제정책을 일부 포기하고 정부가 재정을 통해 시장에 적극 개입합니다. 주 40시간 노동, 사회보장법이 이때 도입되었고 최저임금제도 이때 처음 실시했습니다. 대공황의 굶주림과 혼란을 겪고 나서야 비로소 임금은 단순히 깎아야 할 생산비용이 아니라 소비할 수 있는 능력, 즉 구매력이라는 사실을 깨달습니다. 사람 중심 경제, 소득주도성장은 역사에 이미 등장한 적이 있었습니다.

우리나라는 OECD 국가 중에서 5위 밖을 벗어난 적이 없을 정도로 전통적으로 재정건전성이 건강합니다. 부채비율을 40% 미만으로 관리하고 있습니다. 미국은 100%가 넘고 일본은 200%가 넘습니다. 한국은 재정이 건강한 나라입니다. 2008년부터 외부의 전문가와 집단들이 우리 정부에게 시장에 적극 개입하는 재정 중심의 성장정책을 지속적으로 권유한 이유이기도 합니다.

신자유주의 정책은 레이건 이후 40년간 세계 주류 경제이론이었고, 1997년 외환위기 이후 우리도 이 틀에서 벗어나지 않았습니다. 그동안 고용률 저하와 소득 양극화 현상은 지속적으로 심화되었습니다. 임금인상은 소득주도성장의 첫발입니다. 신자유주의의 실패를 자인하고 세계가 대안을 모색하고 있는데 효과가 금방 나타나지 않는다고 옛 방식으로 돌아갈 수는 없습니다. 박근혜 정부가 한시적으로 자동차세를 인하하고 한국판 블랙프라이데이 같은 정책으로 내수시장을 활성화하려다 실패한 것을 기억하십니까? 단기처방만으론 내수를 키우지 못합니다. 이제는 구조를 개선할 때입니다. 가계소득의 비중을 높여 분배를 개선하고 사회안전망을 강화해 사회 전체의 소비를 높이는 방향으로 나아가야 합니다.

경제활동 연령기에 속하는 15세에서 64세 인구가 문재인 정부 출범과 함께 약 10만 명 감소했습니다. 2020년부터는 생산가능 연령대의 인구가 매년 30만 명씩 감소할 것으로 전망합니다. 이는 실질 취업자 수마저 줄어듦을 의미합니다. 출산율 하락이 오래 전부터 시작되었으니 이 추세는 앞으로도 계속 이어질 것입니다. 생산가능 인구가 줄어들면 국민총소득이 줄어들고 내수시장도 위축됩니다. 서둘지 않으면 '소비부진, 투자부진, 고용부진, 소득저하, 결혼 기피, 출산율 하락'의 악순환에서 벗어날 수 없습니다. 인구는 곧 내수의 규모입니다. 이제 막 30-50클럽에 가입한 대한민국은 위대한 실험을 해야 할 결정적 갈림길에 와있습니다.

대한민국의 미래, 포용혁신성장

산업혁명은 왜 영국에서 일어나 세계로 전파되었을까요? 특정 시기 유독 영국에서만 인재가 대거 출현했기 때문일까요? MIT 경제학과 교수 대런 애쓰모글루와 하버드대 정치학과 교수 제임스 A. 로빈슨의 답은 명쾌합니다. 이 같은 행운은 영국이 포용국가였기 때문이라는 겁니다. 포용적 정치제도 아래 포용적 경제정책을 펼친 것이 유럽 최빈국이나 다름없던 영국을 성공으로 이끌었다고 합니다.

절대왕정을 수립해 왕과 특정 귀족이 모든 권한을 틀어쥐고 있던 유럽 대륙과 달리 영국은 전통적으로 왕권이 약했습니다. 특히 우리 촛불혁명처럼 피 한 방울 흘리지 않고 왕을 교체한 1688년 명예혁명 이후, 영국의 왕권은 지속적으로 약화됩니다. 세금으로 사치를 부리기 위해선 의회의 동의를 받아야 했고 그럴 때마다 왕은 자신이 가진 권한을 하나씩 내려놓아야 했습니다. 그리고 의회는 호시탐탐 권력을 강화하려는 왕과 싸우기 위해 더 많은 민의를 대변해야 했습니다.

명예혁명 이전에 발발한 흑사병도 중요한 역할을 합니다. 인구가 급감해 농노제를 기반으로 착취적인 부를 쌓던 봉건적 경제 제도를 더 이상 지탱할 수 없었습니다. 기록에 따르면 한 영주의 토지에 농노가 단 두 명만 살아남은 경우도 있었다고 합니다. 사람이 귀해지자 농노들은 노동력을 무기 삼아 임금 인상을 요구했고 벌금과 노역을 줄여달라고 요구합니다. 그러자 숨죽이고 살던 다른 경제 주체들도 자기 목소리를 내기 시작하고 투자와 거래에 혁신을 꾀할 수 있는 각종 근대적 경제 기반이 마련됩니다. 귀족이라고 해서 함부로 서민의 사유재산을 갈취할 수 없게 되고 부가 보다 균등하게 분배되기 시작합니다. 특허권이 만들어지고 왕실이 독점했던 대외무역도 민간으로 넘어갑니다. 부자가 되고 싶은 사람이면 누구나 아이디어를 내고 자신의 사업에 도전할 수 있게 된 것이지요.

이상이 애쓸모글루와 로빈슨이 쓴 《국가는 왜 실패하는가》에 묘사된 산업혁명이 일어나기 직전의 영국입니다. 영국 사회가 왕정국가에서 포용성을 갖는 근대국가가 되기까지 130여 년이 걸렸습니다. 명예혁명이 일어나지 않고 오히려 기득권의 권한이 강화되었다면 산업혁명은 일어나지 않았을 것입니다. 사회가 인재를 받아들일 준비가 되지 않았을 테니까요. 일반적으로 알려진 것과 달리 최초의 증기기관은 1606년 스페인의 발명가 헤로니모가 만들었다고 합니다. 혁신적인 발명가는 잉카와 아스테카 문명을 파괴하고 착취해 엄청난 부를 쌓은 절대왕정 국가에서 먼저 나왔지만 그 열매는 200년 뒤 산업혁명을 통해 영국이 차지했습니다.

《국가는 왜 실패하는가》에는 오늘날 서유럽과 동유럽의 운명을 가른, 아주 작은 차이지만 결정적 전환이 된 역사도 나옵니다. 흑사병으로 인구가 급감하기는 서유럽과 동유럽이 마찬가지였지만 둘은 전혀 다른 길을 걷습니다. 서유럽은 느리지만 영국의 뒤를 따라가는 방향으로 봉건 영주의 권한이 약화되지만, 동유럽의 봉건 영주는 오히려 사유지를 확대합니다. 가진 자는 더 부자가 되고 살아남은 농노들은 더 가난해집니다. 산업혁명이라는 혁신의 물결이 밀려오자 기득권의 세력이 약해진 서유럽은 흡수해서 변화하지만 동유럽은 저항합니다. 토지에서 막대한 부를 얻고 있던 영주들은 혁신을 받아들여야 할 이유가 없었습니다. 예컨대 러시아의 차르는 물류 혁신을 가져다줄 철도조차 놓지 않습니다. 국민이 겨우 먹고 살 만큼 바빠야 통치하기 편하다는 이유였지요. 1차 세계대전에 패배하고 나서야 철도의 가치를 깨달을 만큼 산업혁명이 창출하는 '부의 미래'에 무지했습니다.

문재인 정부의 포용성장은 다른 것이 아닙니다. 모두가 함께 잘사는 세상, 성장의 과실이 골고루 돌아가는 사회, 사람으로서 대우받아야 할 최소한의 존엄이 보장되는 성장을 말합니다. '모두가 함께 잘사는 세상'이라고 하면 곧장 공산주의 사회경제를 떠올리며 알레르기를 일으키는 사람들이 있는데, 공산주의는 포용국가가 아닙니다. 애쓸모글루와 로빈슨은 공산주의를 공산당원에게만 권한이 돌아가는 착취경제, 착취정치 체제라고 했습니다. 두 저자가 중국의 미래를 밝게 보지 않는 것도 이런 이유에서입니다.

포용국가, 포용성장은 대한민국 모두가 3만 달러 소득을 똑같이 나눠 갖자는 기계적 평등을 뜻하는 것이 아닙니다. 기계적 평등으로는 어떤 나라도 성장하지 못합니다. 인간의 이기심을 긍정하지 않으면 한 나라의 경제는 성장하지 못합니다. 하지만 인간의 이기심을 적절히 통제하지 못해도 성장을 지속할 수 없습니다.

최초의 포용국가,
베네치아는 왜 몰락했는가?

《국가는 왜 실패하는가》에는 영국 이전에 등장했던 또 다른 포용국가 베네치아의 이야기가 나옵니다. 무역과 유리 산업으로 지중해 패권을 차지한 14세기 베네치아는 그 무렵 런던보다 세 배나 큰, 인구 11만의 도시국가로 성장합니다. 이 도시국가가 얼마나 포용적이었냐 하면 유리 장인들에게 높은 연봉과 안정된 연금을 제공했으며 혁신적으로 생산성을 높인 이에게는 귀족의 작위까지 부여했습니다. 기술이나 아이디어, 재능만 있으면 부와 함께 신분이동까지 가능했습니다.

'코멘다'라고 하는 독특한 투자 방식도 있었습니다. 코멘다는 한 사람이 자본을 대고 다른 사람이 그 자본을 바탕으로 무역에 나서는 초기 형태의 합자회사입니다. 만약 손실이 생기면 자본 출자비율에 따라 감당하고 이윤이 생겨도 출자비율에 따라 나눠가졌습니다. 돈이 없어도 야망만 있으면 누구나 장사에 뛰어들 수 있었지요.

얼마나 역동적이었는지 해마다 새로운 부자들이 공문서에 이름을 올립니다.

하지만 부가 증가하면서 베네치아는 착취적인 형태로 돌아섭니다. 기술 유출을 우려해 유리 기술자들의 거주를 제한했습니다. 만약 이탈하면 재산 몰수는 물론이고 최고 사형에 처하기로 했습니다. 부자가 탄생할 때마다 기득권층은 자신들의 이익이 줄어들자 코멘다를 금지시키고 무역을 독점합니다. 개인이 무역을 하면 높은 세금을 물렸습니다. 포용성이 떨어지자 그토록 막으려 했던 기술 유출이 일어납니다. 죽음의 위험을 무릅쓰고 유리 장인들이 프랑스로 탈출합니다. 야망이 있는 젊은 인재들도 더는 베네치아에 희망을 걸지 않게 됩니다. 그리고 15세기부터 인구가 줄기 시작합니다. 소수에게 부가 집중되면서 베네치아의 번영은 막을 내립니다. 책의 저자는 이렇게 말합니다. "지금 베네치아에 남은 것은 어업과 관광업뿐이다. 관광객들은 과거 지중해를 호령하던 시절의 유물을 보러 온다. 베네치아는 경제대국에서 박물관이 되었다."

포용국가는 소수에게 집중된 정치·경제적 권리를 전체 국민에게 골고루 나누어주는 나라입니다. 포용성장은 국가와 시장(기업)과 사회 구성원의 동반성장을 추구합니다. 재벌 대기업과 상위 계층만을 포용하고 나머지 집단을 배제하는 성장을 추구하지 않습니다. 포용국가는 중소기업, 하위계층, 비정규직, 실업자를 최대한 포용하며 혁신과 사회적 역동성, 고용의 안정과 삶의 질을 추구합니다. 포용하지 않아도 일시적으로 성장할 수는 있으나 지속적으로 성장하지 못합니다. 포용하지 않으면 혁신도 이루어지지 않습니다.

지난 10년 간 우리나라는 포용국가의 모습이 아니었습니다. 막강한 자본을 가진 재벌이 골목상권에 진출할 수 있도록 길을 열어줘 생계형 중소 유통채널들이 줄줄이 무너졌습니다. 대기업은 손쉽게 돈을 벌 수 있도록 하면서 서민들은 무한경쟁으로 몰아넣었습니다. 예컨대 편의점 출점 거리제한을 폐지해 재벌의 이득만을 보장했습니다. 좋은 경제정책이란 운동장이 기울어지지 않도록 하는 것입니다. 대기업은 꽃길을 걷게 하고 중소기업과 서민은 자갈밭을 구르게 하는 예전의 구도로는 중산층을 만들어낼 수 없습니다. 중산층은 경제정책의 성공을 가리키는 지표이며 민주주의의 뿌리입니다. 모두 함께 가지 않으면 사회 동력은 떨어집니다. 포용혁신성장, 대한민국이 나아가야 할 새로운 성장 패러다임입니다.

PART 3

4차 산업혁명시대의
새로운 성장 동력
- 기술혁신형 중소벤처기업

» 창업은 토지, 노동, 자본, 지식을 잇는 다섯 번째 생산요소다.

» 중년 창업이 청년 창업보다 성공 확률이 더 높다.

» 4차 산업혁명, 일자리의 미래가 달라지고 있다.

» 기업가의 다발적 출현이 일자리 창출과 경기 호황을 이끈다.

» 창업이 장려되는 사회는 실패를 당연한 과정으로 받아들인다.

» 포용국가야말로 4차 산업혁명의 혁신을 만들어낸다.

그릇도매 시장
메뚜기 사장님들

그릇도매 상가가 모여 있는 남대문시장과 황학동 중앙시장에는 '메뚜기 사장'이라는 분들이 있습니다. 점포 없이 스마트폰으로만 장사를 하며 여기저기 뛰어다녀서 '메뚜기'로 불립니다. 20m² 정도의 가게를 얻는 데만 억 단위의 권리금이 들어가고 매장에 물건을 진열하는 데도 1억 넘는 돈이 들어가기 때문에 자본 없이 장사를 하려면 이 방법밖에 없다고 합니다. 그렇다고 번듯한 점포를 가진 사람들과 다른 틈새시장을 노리는 것은 아닙니다. 똑같이 경쟁합니다. 수저에서 접시, 밥그릇, 플라스틱 용기, 도자기, 스테인리스, 업소용 냉장고와 온장고, 밥솥과 가스레인지까지 모두 취급합니다. 그러니까 여러분들이 한식, 중식, 일식, 양식 식당을 찾았을 때 눈앞에서 볼 수 있는 모든 것과 보이지 않는 모든 것을 취급합니다.

어떻게 그럴 수 있냐고요? 스마트폰 때문입니다. 2007년 스티브 잡스가 아이폰을 세상에 처음 선보였을 때 국내 전문가들은 "휴대폰에 MP3 플레이어와 PC의 일부 기능을 넣었을 뿐"이라고 평가했습니다. 하지만 아이폰은 휴대폰 시장뿐만 아니라 예상하지 않았던 다른 산업 생태계의 모습까지 완전히 바꿔버렸습니다. 메뚜기 사장님의 등장 역시 스마트폰 덕분입니다. 손님이 어떤 물건 사진을 캡처해 구할 수 있냐고 물어오면, 메뚜기 사장님들은 실제 물건 사진과 함께, 사이즈와 납품 단가 등을 찍어 보냅니다. 이 과정이 몇 번 오고가고 고객 쪽에 샘플을 보내 수량이 정해지면 납품이 이루어집니다. 혹 고객이 매장에서 직접 확인해야 한다면 전에 있던 직장에서 잠깐 자리를 빌린다고 합니다.

아무나 메뚜기 사장이 될 수는 없습니다. 일단 온갖 종류의 그릇이 어디서 만들어지고 어떻게 유통되는지 알아야 합니다. 비슷한 물건이면 어느 회사 제품의 마진이 좋은지도 알아야 합니다. 그릇 도매 시장에서 유통되는 물건이 워낙 많아 이걸 파악하는 데만 대략 10년 정도 걸린다고 합니다. 경력 10년이 넘었다고 해서 바로 독립할 수 있는 것도 아닙니다. 점포는 없어도 자신을 믿고 거래할 수 있는 단골손님이 있어야 합니다. 단골도 한 번에 거래하는 양이 많은 큰손이어야 합니다. 프랜차이즈 업계 매니저나 영향력이 있는 셰프, 외식업체 사장을 단골로 만들어야 합니다. 이런 큰손이 최소 35명은 되어야 메뚜기로 독립할 수 있습니다.

사정이 이러니 메뚜기 사장님들 나이는 삼십대 후반에서 오십대 초반입니다. 가정을 꾸렸다면 한창 돈이 필요한 분들이죠. 그런데도 겁 없이 뛰어들 수 있는 이유는 창업비용이 낮기 때문입니다. 이야기를 들었을 때가 19대 총선을 치르던 2012년경이었는데 창업비용이 3,000만 원이라고 했습니다. 망해도 리스크가 적은 것이지요. 재취업을 할 때도 이들이 가진 단골 리스트가 유리하게 작용합니다. 단골이 일종의 사회안전망 역할을 하는 것이죠. 장사를 잘하면 확장할 때가 찾아옵니다. 큰손이 대략 70명이 되었을 때입니다. 가게를 얻을 만큼의 돈도 모이고 이 정도 규모의 단골이면, 임대료와 직원 월급 걱정을 하지 않아도 된다고 합니다. 마치 스타트업이 유니콘 기업으로 성장하는 과정과 비슷하지요.

"여보, 나 회사 차렸어" 중장년의 창업 성공확률이 더 높다

마크 저커버그처럼 아이디어 하나로 20대에 창업하는 사례가 있습니다. 페이스북의 성공이 워낙 널리 알려져 있어서 IT, 혹은 ICT

산업은 흔히 컴퓨터에 밝은 젊은이들만 도전하는 분야라고 생각하지만 꼭 그렇지 않습니다. 사실 청년 창업보다 중년 창업이 성공확률이 더 높습니다. 이들에게는 아이디어와는 별개로 청년들이 갖지 못한 여러 장점이 있습니다. 메뚜기 사장님들처럼 오랜 회사 생활을 통해 경영 노하우, 고객의 니즈, 시장의 요구와 변화를 파악하는 안목, 넓은 인맥과 사회 관계망이라는 자산이 있기 때문입니다.

인공지능을 연구하는 **벤처기업 누멘타**의 CEO **도나 두빈스키**가 그런 예입니다. 그녀는 애플에서 10년 근무하고 안식년을 갖던 30대 중반의 나이에 고민에 빠집니다. 혁신기업 애플에 있는 동안 한 번도 새로운 아이디어를 내놓은 적이 없다는 사실에 마음이 무거웠던 것입니다. 스스로 생각하기에 그녀는 스티브 잡스 같은 기업가가 아니었던 것이죠. 잘릴 때까지 계속 다니느냐, 먼저 그만두느냐의 기로에서 그녀는 과감한 선택을 합니다. 다른 사람의 아이디어를 알아보고 비즈니스화 하는 것이 자신의 장점이라 생각한 그녀는 안식년을 끝내고도 회사로 돌아가지 않습니다. 제프 호킨스라는 공학자와 사람들을 규합해 1992년 벤처기업 팜palm을 발족합니다. 최초로 상용화되어 큰 성공을 거둔 PDA, 팜 파일럿이 두 사람의 작품입니다. 이후 팜을 나온 두 사람은 PDA 시장에 지각 변동을 일으킨 벤처기업 핸드스프링을 공동 창업합니다. 누멘타는 그녀가 세 번째로 출범시킨 벤처입니다.

하지만 우리나라의 중장년층은 아내에게 "여보! 나 회사 차렸어" 같은 말을 쉽게 할 수 없습니다. 외부의 투자를 끌어오기가 힘들 뿐더러 실패했을 때 리스크가 너무 큽니다. 가족에 대한 책임감 때문에 쉽게 모험에 나설 수 없습니다. 정보통신 혁신을 성공적으로 수행했던 2000년대 IT 창업 붐이 일었던 것과 대조적으로 활력이 죽어 있습니다. 1998년부터 2007년까지 증가율이 30%에 육박하던 창업 붐은 지난 두 정부 기간 동안 10% 내외에서 정체되어 있었습니다. 세계적인 흐름과는 반대입니다.

2017년 베를린에서 열린 국제가전박람회는 4차 산업혁명의 흐름을 알 수 있는 무대였습니다. 1,548여 개의 참가 기업 가운데 우리나라 기업은 59개에 불과했지만 중국은 무려 650개의 기업이 참가했습니다. 이것은 무엇을 의미하는 것일까요? 우리는 몇몇 주력 상품에서 뛰어난 기술력을 홍보했지만 그들은 전 부문에서 기술력을 자랑했습니다. 그동안 가격경쟁력만 돋보이고 기술력은 떨어진다는 평가를 받던 중국이 이때부터 기술경쟁력까지 확보했음을 전 세계에 알렸습니다. 우리가 강바닥에 집착하는 동안 중국은 4차 산업혁명을 준비했던 것입니다. 혁신전쟁에서 대한민국은 뒤처질 위기에 있습니다. 늦기 전에 성장의 생태계를 바꾸어야 합니다.

우리나라에 도나 두빈스키, 제프 호킨스와 같은 인재들이 왜 없겠습니까? 망설이고 있을 뿐이지요. 이제 중장년층도 혁신전쟁에

4차 산업혁명시대의 새로운 성장 동력 - 기술혁신형 중소벤처기업

뛰어들 수 있어야 합니다. 정치가 포용의 생태계를 조성하면 숨은 인재들이 혁신의 전장으로 뛰어들 것입니다. 청년창업을 지원하는 것과 별도로 중장년층도 창업에 도전할 수 있도록 산업 환경이 개선되어야 합니다. 진짜 문제는 경제가 아니라 정치입니다.

4차 산업혁명시대, 기업 생태계가 변하고 있다

1차 산업혁명은 증기기관, 2차 산업혁명은 전기의 발명, 3차 산업혁명은 반도체와 컴퓨터로 대표됩니다. 하지만 4차 산업혁명은 아직 뚜렷한 아이콘이 없습니다. 2016년 세계경제포럼에서 처음 4차 산업혁명이라는 말이 언급되었지만 이 혁명의 방향이 어디로 갈지는 아무도 모릅니다. 한국정보통신기술협회가 4차 산업혁명을 가리켜 '정보통신기술이 경제·사회 전반에 융합되어 혁신적인 변화가 일어나는 것'이라고 한 것도 이 때문이지요. 여기서 중요한 것은 '정보통신기술의 융합과 혁신'입니다. 하지만 어디로, 어떻게 간다고는 말하지 않았습니다.

그도 그럴 것이 핀테크, 블록체인, 3D 프린팅, 자율주행 자동차, 드론, 빅데이터, 사물인터넷, 인공지능, 스마트 팩토리, 가상현실,

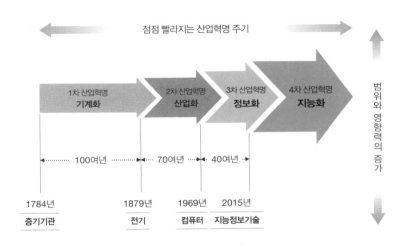

5G 등 대표기술이라고 할 수 있는 것들이 너무 많고 각 기술의 발전 단계도 저마다 다릅니다. 굳이 공통점을 찾자면 IT혁명이 전자기기와 인터넷의 부분적인 연결이었다면, 4차 산업혁명을 가리키는 정보통신기술 혁명은 수많은 사물과 막대한 양의 정보가 인터넷으로 실시간 연결되는 혁신이라고 할 수 있습니다. 우리에게 익숙한 한두 가지 기술적 진보는 그저 4차 산업혁명의 일부만을 보여줄 뿐이지요. 각 기술이 융합되고 새로운 혁신이 나오는 과정에서 전혀

예상하지 않았던 기술과 제품, 그리고 새로운 기업이 등장할 수 있는 것이 지금 4차 산업혁명의 흐름입니다.

일례로 자동차산업의 지형 변화를 들 수 있습니다. 지금 자율주행차를 선도하고 있는 기업은 전통적인 자동차 제조업체가 아닙니다. 인터넷 검색 업체 구글입니다. 그리고 그래픽카드 제조사 엔비디아도 자율주행 자동차 제작을 선도하고 있습니다. 스마트폰을 만드는 애플도 참여하고 있습니다. 완성차 제조업체가 주도하던 자동차 시장의 양상이 완전히 바뀐 것입니다. IT업체는 완전자율 주행에 해당하는 5단계 기술적 완성도에 진입한 반면 완성차 업체인 벤츠, 아우디, GM, 현대기아 등은 아직 인간의 개입이 필요한 3단계에 머물러 있습니다. 전통적인 강자가 힘을 잃고 산업 간 경계도 무너진 것이지요. 이런 일은 다른 산업에도 얼마든지 일어날 수 있습니다.

규모의 경제에서
속도의 경제로

지금까지는 '아무 것도 하지 않는 것이 기업의 생존을 위협하는 가장 큰 리스크'였다면 4차 산업혁명 시대에는 '빠르게 변화하지 않는 것이 가장 큰 리스크'입니다. 덩치 큰 글로벌 대기업들이 생태계의 변화에 적응하기 위해 몸집을 줄이는 것도 이 때문이지요. 예컨대 항공기 엔진과 원자로, 각종 기계 장비를 제작해오던 미국의 GE는 확실한 수익 창출원이었던 가전 부문과 금융업을 2015년에 매각했습니다. 그리고 2020년까지 세계 10대 소프트웨어 기업이 되겠다고 선언합니다. 소프트웨어 역량이 제조업 성장의 미래라고 본 것입니다.

하드웨어라는 덩치에서 소프트웨어라는 머리로 시장의 중심이 옮겨가고 있습니다. 이제 규모의 경제가 아니라 속도의 경제로 바뀌었다는 이야기입니다. 엄청난 물적 자본(생산기계, 부동산)과 인적 자본을 갖추고 크고 강한 자만이 살아남을 수 있었던 시장의 질서가 바뀌었다는 뜻입니다. 여기에 적응하지 않고 전통적인 사업군과 기득권을 유지하려는 기업은 도태되고 맙니다. 이제 반짝이는 아이디어로 무장한 중소기업이 대기업에 맞서 싸울 수 있게 되었습니다. 대표적인 것이 면도기 시장을 양분하고 있던 질레트와 쉬크에 도전한 기업입니다.

2019년 2월 8일, 〈서울경제〉는 재미난 기사를 실었습니다. 세계 최초로 안전면도기와 전기면도기를 개발해 200년 가까이 글로벌 시장을 지배해온 질레트와 쉬크가 조그만 스타트업의 도전에 휘청거린다는 내용입니다. 3중날과 5중날을 내세워 고가의 프리미엄

경쟁을 벌이던 두 업체를 위협한 것은 기존 시장에 없던 배달서비스입니다. 달러쉐이브클럽과 해리스가 그 주인공인데 이들은 '요즘 면도날 너무 비싸다'는 슬로건을 내걸고 매달 월정액을 받고 4~5개의 면도날을 60%나 싼 가격으로 각 가정에 배송했습니다. 결과는 대성공. 창업한 지 6년째인 2017년 달러쉐이브클럽과 해리스, 두 업체의 미국 시장 점유율은 12.1%로 올라가고 질레트의 점유율은 60%에서 50%로 떨어집니다. 위기를 느낀 질레트와 쉬크도 기존의 프리미엄 전략을 포기하고 이들을 모방해 배달서비스를 시작합니다.

이 두 스타트업 기업이 성공할 수 있었던 것은 소비자들의 욕구를 재빨리 파악했기 때문입니다. 또 달라진 시장 환경을 적절하게 이용했기 때문입니다. 이들이 홍보에 활용한 것은 SNS와 유튜브입니다. 고액의 광고모델 대신 자신의 장점을 홍보하는 짧은 영상만으로 이틀 만에 고객을 2만 1,000명이나 확보할 만큼 시장의 접근성이 달라져 있었던 것이죠. 정보통신기술의 발달이 없었다면 아이디어로 무장했다고 하더라도 개미가 결코 공룡을 상대로 싸우지 못했을 겁니다. 이렇듯 기술혁신이란 드론이나 로봇, 인공지능에만 국한되는 이야기가 아닙니다. 전에 없던 새로운 서비스의 개발도 기술혁신입니다.

시장은 역동적으로 변하고 있습니다. 창의적인 아이디어 하나에

두 거대 기업의 우월적 지위가 흔들렸습니다. 모험을 주저하지 않는 창업가 정신을 가진 사람만이 새로운 부를 창출할 수 있습니다. 그러려면 "여보! 나 회사 차렸어"라는 말이 아내의 가슴을 철렁 내려앉지 않게 해야 합니다. 대학생의 경우 창업할 때 지원받을 수 있는 방법이 다양하게 마련되어 있지만, 중년은 자금을 지원 받기가 정말 어렵습니다. 우리가 기꺼이 모험을 떠날 수 있는 사회 환경을 만들어야 하는 이유입니다.

패스트 팔로우 전략의 종말

우리가 1등을 따라잡던 추격형 경제였을 때 대기업 전략은 유효했습니다. 만성적으로 공급이 부족했던 때라 뭐든지 만들면 팔려나갔고 저임금으로 대량생산하면 그것과 연계된 중소기업에도 투자가 일어났습니다. 경제성장과 함께 일자리가 늘어나니 전체적으로 부가 재분배되는 선순환 효과가 있었지요. 부가 재분배되는 방식에 일자리 확충만큼 좋은 것은 없습니다. 이 때문에 특정 소수집단에게 자본과 자원을 몰아주던 불평등 경제정책 아래에서도 성장의 과실을 나눠가질 수도 있었던 것입니다.

문제는 우리나라 대기업들이 쫓아가는 자가 아니라 1등이 되면서부터 상황이 달라졌다는 것입니다. 과거에는 제조업 분야에서 세계적인 기업이 되면 적어도 20년은 독점적으로 이윤을 누릴 수 있었습니다. 후발주자들이 따라와도 우월적 지위가 쉽게 흔들리지 않았습니다. 예컨대 'GM의 이익이 곧 미국의 이익'이라고 불렸던 1930년대부터 GM은 70년간 부동의 1위였습니다. 제록스는 1959년 건식 복사기를 세상에 내놓은 이후 20년간 복사기 시장을 독점했습니다. 그러나 기술혁신의 속도가 빨라진 지금은 양상이 바뀌었습니다.

애플이 아이폰으로 스마트폰 시장을 선점한 것이 2007년입니다. 삼성과 LG의 추격과 함께 커지기 시작한 스마트폰 시장은 2013년부터 성장이 둔화되었습니다. 불과 6년밖에 걸리지 않았습니다. 2020년이면 스마트폰 보급이 93%에 이르러 시장이 포화상태가 될 것으로 보입니다. 곧 출시될 삼성의 폴더블폰이 신규 시장을 창출할 수 있을지 모르지만, 경쟁업체들의 기술도 이미 턱밑까지 추격해와 있습니다. 엄청난 자본과 노력을 투자하고도 안정적 이윤을 보장받을 수 없는 것이 현재 글로벌 기업들의 고민입니다.

이윤의 문제는 기업이 고민해야 할 부분이고 정작 정부의 고민은 따로 있습니다. 기계화, 자동화의 영향으로 제조업의 덩치가 커진다고 해도 일자리가 늘어난다는 보장이 없다는 점입니다. GM이 1

구직 대신 창직하라

등 기업이었을 때 미국 내 고용했던 직원은 약 80만 명이었습니다. 지금 비슷한 위치에 있는 애플은 대략 13만 명, 구글은 9만 명 수준입니다. 이것도 비정규직을 포함한 숫자이지요. 경제가 지속 가능한 성장을 하려면 물적 자본과 인적 자본(고용)에 고른 투자가 일어나야 하는데 물적 자본에 투자를 집중하는 것이 오늘날 대기업의 실상입니다. 한마디로 대기업의 성장은 '고용 없는 성장'이 된 겁니다. 사정이 이런데도 지난 두 정권은 대기업에게 일자리를 만들어 달라며 수출주도 정책을 펼쳤습니다.

시장경제의 실패는 공산주의?

과거 대기업 창업주들은 정부의 특혜를 업고 급성장했지만, 성장의 과실을 과감하게 투자해 수출시장의 저변을 확대하고 글로벌 기업을 따라잡기 위해 연구개발과 기술개발에 힘을 쏟았습니다. 이 과정에서 많은 일자리가 만들어졌으며 중소기업과의 연계도 활발히 이루어졌지요. 한마디로 창업가 정신이 왕성했던 것입니다. 하지만 경영권이 2세와 3세로 세습되면서 이들은 기업가가 아니라 자본가의 모습을 보입니다. 자기 대에서 선친의 성공이 무너질까

봐 두려워했던 이들은 세계로 진출하는 대신 골목으로 뛰어들었습니다. 중소기업들이 공급하던 소모성 시장에 진출한 것이죠. 문구류, 두부, 학원, 중고차 매매, 커피전문점, 제빵, 피자, 세탁업, 청소업, 웨딩업 등이 지난 두 정권 시절 우리나라 30대 재벌들이 진출해서 싹쓸이한 업종입니다. 게다가 재벌 2, 3세들은 이런 비상장 기업의 대주주로 있으면서 계열사들에게 의무적으로 자사의 제품과 서비스를 쓰도록 했습니다. 이런 업종은 사실 어떤 나라든 중소기업이나 자영업자들이 담당하는 영역입니다. 대표적인 자영업종인 제빵업의 70%를 대기업 2개사가 점령했다는 사실은 시장경제의 대표적인 실패 사례입니다. MB정부 4년 만에 15대 재벌의 계열사가 472개에서 778개로 65%나 증가했다는 것은 경제정책이 얼마나 왜곡된 방향으로 시행되었는가를 단적으로 보여줍니다.

경제학을 모르는 분들은 '시장경제의 실패'를 곧 공산주의라고 생각합니다. 그런데 '시장경제의 실패'는 공산주의가 아니라 '독점' 혹은 '시장집중'입니다. 스티글리츠 교수가 2018년 5월 우리나라 산업연구원에 기고한 글을 보면 "한국경제에서 지속적으로 우려되는 사안은 재벌로 불리는 한국 대기업에 의한 시장집중이다"라고 경고했습니다. 시장집중(독점)은 민주주의의 효과적인 작동을 약화시키며 역동적인 신생기업의 시장 진입을 방해합니다. 우월한 자본을 바탕으로 여론을 왜곡하고 자기에게 유리한 규칙을 강요합니다.

구직 대신 창작하라

불평등을 악화시키고 경제역동성을 떨어뜨려 장기적으로 성장도 둔화시킵니다.

이 때문에 미국은 연방거래위원회FTC, Federal Trade Commission가 독점을 강력하게 규제하고 있습니다. 실제로 컴퓨터 운영체제 윈도우에 자사의 인터넷 프로그램 익스플로러를 끼워 팔았다는 혐의로 기소된 마이크로소프트의 예가 있습니다. 1997년부터 2001년까지 소송을 이어갔는데 독점방지법 때문에 마이크로소프트는 회사가 쪼개질 뻔했습니다. 여러분들이 지금 인터넷에 접속할 때 익스플로러가 아닌 크롬이나 사파리, 파이어폭스를 쓰고 있다면 바로 독점방지법의 혜택을 본 것입니다. 영원할 것 같던 마이크로소프트가 지배적 위치에서 내려오고 애플과 구글이 성장할 수 있었던 배경에는 미국 정부의 강력한 반독점 규제가 있었습니다.

골목상권에 진출한 대기업의 부도덕함을 비난할 생각은 없습니다. 이윤이 생기는 곳이라면 지옥이라도 가는 것이 기업인들의 속성이지요. 하지만 중소기업과 소상공인들이 땀 흘려 키워낸 시장을 무차별적으로 공격하게 만든 것은 잘못된 경제정책 탓입니다. 그래서 문제는 정치입니다. 전통시장 하나가 무너지고 그 자리에 대형마트가 들어서면 3만여 개의 일자리가 사라지고 350여 명의 비정규직이 만들어진다는 통계에서 우리는 중소기업과 소상공인, 그리고 자영업의 소중함을 보아야 합니다.

재벌은 우리나라 근대화 과정에 발생한 독특한 현상으로 꼭 나쁜 것만은 아닙니다. 덩치를 키운 덕에 우리는 해외자본에 의존하지 않고서도 성장할 수 있었습니다. 이들이 세계 100대 기업에 진입할 수 있도록 불필요한 규제는 풀어주되 공정한 경쟁을 하도록 제도적 틀을 확고히 하는 것이 바로 포용적 정치입니다. 자본은 적절히 규제하지 않으면 약탈적으로 바뀝니다. 대기업들이 저지르는 계열사 일감 몰아주기, 중소기업 납품단가 후려치기와 같은 불공정 행위를 막아 건강한 중소기업, 대기업으로 성장할 수 있는 중견기업을 많이 만드는 것이 포용적 경제입니다. 대한민국의 미래는 여기에 달렸습니다.

미래의 생산수단, '지식'의 대두

레이건이 대통령에 취임한 후, 국가의 미래에 관한 통찰을 얻고자 앨빈 토플러와 같은 저명한 미래학자 여덟 명을 초청해 대화의 시간을 가진 일이 있습니다. 미래학자들의 이야기를 경청하던 중 수석보좌관 한 명이 버럭 화를 냅니다. "당신들 말대로라면 미래의 미국은 더 이상 강력한 제조업 국가로 남지 못하고 햄버거나 배달하고 서로 이발이나 해주며 산다는 겁니까?" 도대체 무슨 이야기를 했기에 이렇게 화를 냈을까요?

토플러는 《권력이동》에서 토지, 노동, 자원, 자본이 주요한 생산요소였던 시대가 지나가고 '지식'이 생산 수단이 되는 미래를 그렸습니다. 이 지식은 데이터, 정보, 사진, 그림, 상징물, 문화, 이데올로기, 가치관 등을 아우르는 넓은 의미의 지식입니다. 책에서 토플러는 지식혁명, 정보혁명이 자본주의 경제체제에서 생산에 필요한 자본의 크기를 줄이는 방향으로 진행될 것으로 내다보았습니다. 즉 미래에는 정보와 지식이 생산수단으로 직접 연결되어 전통적으로 자원과 자본이 했던 역할을 대체할 것이라는 뜻입니다.

토플러는 이 기술을 보지 못했지만 그의 통찰력을 알기 쉽게 구체화할 수 있는 것이 바로 3D프린팅 기술입니다. 과거에는 무언가를 만들어 시장에 팔기 위해선 대규모 자본과 숙련된 인력, 설비를 투입해야 했지만, 이제는 3D프린터기 하나면 충분한 시대가 되었습니다. 누구나 아이디어만 있으면 자신의 제품을 구체화시킬 수 있으며 시장에 내놓을 수가 있게 되었습니다. 기술발달로 제조업에 대한 진입장벽이 낮아진 것입니다.

관련 산업계와 학자들은 보청기, 치아, 의족, 임플란트, 안경테 등 대량생산보다 개인 맞춤형 생산에 유리한 시장에 빠르게 도입될 것으로 보고 있으며 궁극적으로는 재고를 쌓아두고 판매하는 대량

생산에서 다품종 소량 적기생산 방식으로 제조업의 무게중심이 이동할 것으로 예상합니다. 이렇게 되면 재고관리에 필요한 인력, 부동산에 들어가는 부대비용이 줄어듭니다. 뿐만 아니라 세금과 보험료와 같은 기타 고정비도 함께 줄어들게 됩니다. 어떻습니까? 지식이 노동, 자본, 시간, 공간, 원료 등 생산에 투입되는 많은 요소들을 절감시키는 궁극의 자원이라는 토플러의 주장이 조금은 이해가 되시나요?

제조업의
서비스화가 진행된다

대량생산은 수많은 노동자들이 동일한 노동을 한다는 전제 조건에 의해 움직입니다. 생산되는 제품의 종류가 많아지고 소량을 적기에 생산하기 위해선 조직의 규모가 줄어들 수밖에 없습니다. 앞에서 수석비서관이 버럭 화를 낸 것도 무리는 아닙니다. 토플러는 화를 낸 수석보좌관에게 제조업이 위축되는 일은 없다고 했습니다. 미국 전체 노동력의 2% 미만을 투입해 세계 최고 수준의 농업생산력을 자랑하는 것처럼, 제조업도 같은 방향으로 흐를 것이라고 말합니다. 즉 기업들이 설비를 자동화하면서 제조업 종사자의 비율은 지속적으로 감소하지만 생산성은 오히려 높아질 것이라는 이야기이지요. 이와 함께 토플러는 제조업의 서비스화가 진행될 것이라 예견했습니다. 그리고 여기에서 전혀 다른 일자리가 창출될 것으로 내다보았습니다.

이미 글로벌 기업들이 자사의 제조업에 ICT 기반 서비스를 결합하는 비즈니스 모델을 구축하고 있습니다. 예를 들어 삼성과 LG전자는 자사의 스마트TV를 판매한 후 다양한 콘텐츠와 서비스를 온라인으로 제공하는 '제조의 서비스화'를 진행하고 있습니다. 하드웨어, 소프트웨어 그리고 서비스를 연계할 수 있는 플랫폼을 구축한 후 소비자와 콘텐츠 제공자를 하나의 플랫폼에 연결시킨 애플도 그런 예입니다.

다섯 번째 생산 요소,
창업

4차 산업혁명은 규모의 경제가 아니라 속도의 경제입니다. 여전히 적자생존이 유효하지만, 속자速者 또한 생존에 유리합니다. 빠르게 움직이면 공룡도 이길 수 있습니다. 규모로 볼 때 애플은 과거 GM과는 비교할 수 없을 정도로 작은 기업입니다. 삼성이 대략 30

만 명을 고용하고 있다는 것과 견주어도 애플은 크기가 작습니다. 아시겠지만 애플은 제조업의 기반시설인 생산 공장도 갖고 있지 않습니다. 규모가 기업의 가치를 규정하지 않습니다. ICT 혁명은 이미 시작되었고 우리가 기업에 대해 갖고 있던 고정관념을 깨뜨리면서 성장하고 있습니다. 차량 공유 플랫폼 **우버**는 소유하고 있는 자동차가 한 대도 없으며 숙박 공유업체 **에어비앤비** 역시 갖고 있는 부동산이 하나도 없습니다. 이들이 갖고 있는 것은 창의적인 아이디어와 이를 가능케 한 지적 자산, 실패를 두려워하지 않고 창업에 나선 인적 자원뿐입니다.

이제 4차 산업혁명의 새로운 광맥이 출렁이고 있습니다. 창업은 불확실하지만 수익성이 높은 새로운 시장 개척에 대한 도전이며 생산성이 낮은 기업을 대체함으로써 부가가치를 높이는 경제활동입니다. 그런 의미에서 창업은 토지, 노동, 자본, 지식을 잇는 다섯 번째 생산 요소라고 할 수 있습니다. 과감하게 뛰어드는 자에게 기회가 열려 있습니다.

새로운 성공 신화가
필요하다

일반적으로 기술혁신형 중소벤처기업이 창업을 하면 열 개 중 한두 개가 성공합니다. 이 확률은 재벌이라고 다르지 않습니다. 혁신이란 세상에 없던 새로운 것을 만드는 것이기 때문에 성공확률이 낮을 수밖에 없습니다. 발명과 고안, 창의적 발상 단계 앞에는 늘 불확실성이 기다립니다. 아이디어를 상품으로 만드는 핵심기술을 개발하는 데 성공했다고 하더라도 부수적으로 따르는 수많은 문제를 해결해야 하는 경우가 적지 않습니다. 전기차로 유명한 테슬라의 경우, 2003년에 설립되어 2016년까지 적자였습니다. 충전 인프라 건설과 배터리 교체 방식 등 풀어야 할 과제가 많았던 탓에 2011년에서 2016년까지의 누적 적자액만 20억 달러였습니다. 아무리 혁신적인 기술과 제품, 그리고 경영전략이 있더라도 이런 적자를 안고 10년 이상 기업을 경영하기는 쉽지 않은 일이지요.

그럼에도 기업이 기술혁신에 투자하는 이유는 일반 투자에 비해 적게는 2~3배, 많게는 5~6배의 수익을 얻을 수 있기 때문입니다. 하지만 대기업이 규모에 맞는 혁신 기술을 선보이기 위해선 조 단위 이상을 투자해야 합니다. 실패했을 때 손실도 그만큼 불어나지요. 우리나라 대기업들이 혁신을 망설이고 손쉬운 유통산업에 뛰어

4차 산업혁명시대의 새로운 성장 동력 - 기술혁신형 중소벤처기업

든 이유도 여기에 있습니다. 오랫동안 자기 분야에서 독점적 지위를 누리고 있으니 혁신을 향한 유인 동기가 없었던 것이지요. 우리나라에서 기술혁신에 투자한 기업은 반도체와 디스플레이에 지속적인 투자를 한 삼성전자가 유일하다고 할 만큼 혁신적인 대기업의 비율은 참담합니다. 오히려 세계 경영의 큰 흐름을 읽지 못하고 특권의식에 젖어 오너 리스크만 키웠지요.

사회가 혁신에서 멀어지면서 창업가 정신을 갖고 도전하는 인재도 부족합니다. 1970년대 고도성장기 은행원, 공무원, 법원의 판사까지 창업에 뛰어들었던 것과는 대조적인 풍경입니다. 대우그룹 김우중 회장이 그런 인물이었고 전두환 정권에게 밉보여 강제 해산된 국제그룹의 양정모 회장도 그런 인물이었습니다. 당시에도 창업에 뒤따르는 리스크는 있었지만 성공이 가져다주는 열매가 너무나 강렬했고 국가 또한 정책적 지원을 마다하지 않았기에 창업가 정신으로 무장한 인재들이 넘쳐났던 것입니다.

하지만 지금은 공무원이 인생의 목표가 되고 건물주가 꿈인 세상입니다. 인재를 이렇게 키워내는 사회는 미래가 없습니다. 사회 구성원 모두를 포용하지 못하고 각자도생, 승자독점으로 성장하는 동안 대한민국 경제 주체들을 그저 살아남는 데 급급했기 때문입니다. 《국가는 왜 실패하는가》의 두 저자는 대한민국을 약탈적 정치경제 체제 아래에서 성장한 대표적인 나라로 거론합니다. 15세기 스페인이 그랬고 1970년대 소련이 그랬으며 20세기 초 자원 부국이었던 아르헨티나도 그렇게 성장했습니다. 두 저자는 이 나라들은 약탈적 체제에서 포용적 체제로 돌아서지 못해 성장이 멈추었지만, 한국은 1987년 민주항쟁 이후 포용국가로 돌아섰다고 진단합니다. 하지만 1997년 외환위기와 2008년 세계금융위기 속 잘못된 정책 방향으로 인해 우리 국민들은 아직 포용국가로의 전환을 확신하지 못하고 있습니다.

새로운 성공신화 르네상스!

새로운 성공신화가 만들어져야 합니다. 과거 IT혁명 시절 네이버와 다음의 성공, 2010년 카카오와 같은 성공이 더 많이 출현해야 합니다. 그러려면 사회 안전망이 확충되어야 하고 창업하기 좋은 환경이 만들어져야 합니다. 창의적인 아이디어를 떠올릴 수 있도록 근로시간이 줄어들어야 합니다. 또 실패해도 빈곤층으로 떨어지지 않는다는 확신이 있어야 합니다. 베네치아가 경제대국으로 성장하던 시절, 젊은 인재들을 무역에 뛰어들게 했던 요인이 코멘다라는 독특한 출자 형태에 있었다는 것을 기억했으면 합니다. 자본가

4차 산업혁명시대의 새로운 성장 동력 - 기술혁신형 중소벤처기업

가 100% 출자하면 이윤이 생겼을 경우 이윤의 75%를 가져가지만 손실이 났을 경우 모두 감당했습니다. 쌍방 출자일 경우 비율에 따라 이윤을 나누고 손실도 그렇게 감당했습니다. 오늘날 실리콘밸리의 벤처기업과 투자은행도 이와 유사한 방식으로 움직입니다. 실패를 모험적 기업가에게 전가하지 않습니다.

다행이라면 뒤늦게나마 대기업이 최근 들어 이렇게 움직이고 있다는 것입니다. SK의 사내 벤처 육성 프로그램 **하이개러지**HiGarage가 대표적입니다. 글로벌 IT기업의 시작이 대부분 차고garage였던 것에 착안한 이름으로 최대 2억 원의 자금을 지원하고 성공했을 시 벤처창업이나 SK 사내 사업화 중 하나를 선택할 수 있습니다. 창업을 하게 되면 건실한 기업으로 성장할 수 있도록 지분 형태의 투자도 이어집니다. 또 창업 후 실패했을지라도 재입사할 수 있는 길을 열어 둬 두려움 없이 도전할 수 있는 여건을 만들었습니다. 삼성 또한 전통적인 사내 벤처 육성 프로그램 **C랩**을 통해 2018년부터 향후 5년간 500개의 스타트업을 육성할 계획입니다. 이외에도 현대와 포스코 등이 사내 벤처를 활성화하고 있습니다. 남은 것은 이런 분위기를 사회 전반으로 확산시키는 일입니다. 정부의 경제정책이 중요한 이유입니다.

사람 중심의 경제정책, 기술혁신형 중소벤처기업

998866-1233119. 우리나라 중소기업의 주민등록번호입니다. 이런 번호도 있나? 하겠지만 뜻을 알면 외우기 어렵지 않습니다. 중소기업의 중요성을 알리기 위해 중소기업 중앙회가 2013년 통계청 자료를 인용해 만든 숫자로 뜻을 풀면 다음과 같습니다.

99: 우리나라 전체 기업 중 99%가 중소기업(소상공인 포함)이다.

88: 전체 근로자의 88%가 중소기업 근로자다.

66: 우리나라 인구의 66%가 중소기업 근로자의 가족이다.

뒤 번호 1233119는 '국가는 중소기업을 보호·육성해야 한다'는 헌법 제123조 3항의 조문 번호와 '국가는 경제의 민주화를 위해 경제에 관한 규제와 조정을 할 수 있다'는 헌법 제119조의 조문 번호를 조합한 것입니다. 번호가 뜻하는 바에서 알 수 있듯 일자리 창출과 소득재분배에 있어 중소기업이 하는 역할은 대기업을 능가합니다. 포용성장의 미래는 가히 중소기업의 성패에 달려 있다고 해도 과언이 아닙니다.

통계청에 따르면, 우리나라 전체 기업 수에 있어 대기업이 차지하는 비중은 0.1%에 불과합니다. 이 상황에서 대기업의 비중이 커진다고 고용이 크게 늘지 않습니다. 상황이 이런 데도 지난 두 정권은 대기업 총수들을 불러 혜택을 집중할 테니 일자리를 늘려달라고 부탁했지요. 일자리는 기업 총수들의 선의에 의해 늘이고 줄이는 게 아닙니다. '혁신'이라는 개념을 경제학에 처음 도입시킨 경제학자 슘페터의 지적처럼 기업가의 다발적 출현만이 일자리를 늘릴 수 있습니다. 그는 기업가의 다발적 출현이 경기를 호황으로 유도한다고 했습니다. 대기업 사내 벤처만으로 부족한 이유입니다.

아이디어 하나로 가능한 벤처 창업

온라인 맞춤 신발 제작 업체인 **슈즈 오브 프레이**Shoes of Prey의 창업자 **조디 폭스**는 원래 신발 사업과는 전혀 무관한 변호사였습니다. 〈시드니타임즈〉의 지적대로 사업하겠다고 변호사를 그만두는 사람은 극히 드뭅니다. 그리고 패션 업계로 뛰어드는 경우는 더욱 드뭅니다. 그녀가 기업가가 된 계기는 여행을 하던 중 우연히 떠오른 아이디어 때문입니다. "맞춤 정장이 가능하다면 맞춤 신발도 가능하지 않겠는가?" 이 단순한 발상이 벤처의 시작이었습니다. 2009년 출범한

지 두 달 만에 투자금 전부를 회수합니다. 3D 디자인 프로그램과 여러 가지 신발 모양, 170가지의 소재 등, 다양한 선택지를 제공하면 고객들이 직접 신발을 디자인하고 4~6주 후에 세상에 하나 뿐인 나만의 신발을 가질 수 있게 한 것이 성공요인이었습니다.

슈즈 오브 프레이는 사람들이 직접 보고 만지면서 자신만의 구두를 선택할 수 있도록 오프라인에도 진출했으며 현재 글로벌 패션 업체로 발돋움하고 있습니다. "누군가 훌륭한 혁신을 이룩하면 이를 모방하는 기업들이 따라나온다"는 슘페터의 지적대로 이 혁신을 모방한 기업까지 출현하면서 시장의 크기가 커지고 있습니다. 이렇듯 대기업에만 창의적인 인재가 존재하는 건 아닙니다. 대학에도 있고, 중견기업과 중소기업에도 있을 수 있으며, 연구소와 외국기관에 근무하는 주재원 가운데에서도 출현할 수 있습니다.

아이디어와 모험적인 창업가 정신으로 무장한 이들이 마음 놓고 사업에 뛰어들 수 있는 환경을 만들어야 합니다. 스티글리츠 교수는 대기업에 의한 높은 시장집중도에도 불구하고 한국경제를 긍정적으로 평가했습니다. 높은 교육 수준이 그 이유입니다. 25~34세 사이 인구 중 대졸자 비중이 미국은 48%에 불과하지만 한국은 70%에 달해 역동적인 신생기업이 출현할 가능성이 더 높다고 내다 본 것입니다.

소득주도성장은 문재인 정부가 추진하는 수요자 중심의 경제정책입니다. 기술혁신형 중소기업의 활성화는 정부가 추진하는 공급자 중심의 경제정책입니다. 분배구조를 개선하는 소득주도성장과 기술혁명 시대에 빠르게 적응하는 중소벤처 창업활성화는 포용혁신성장을 이끄는 두 축입니다. 지금 우리는 아이디어 하나만으로도 훌륭한 기업가로 성장할 수 있는 4차 산업혁명기에 와 있습니다. 자본주의를 이끄는 것은 자본가가 아니라 기업가입니다. 슘페터는 모방자가 출현했는데도 혁신을 하지 못하는 기업은 시장에서 도태된다고 했습니다. "혁신이 없으면 기업가도 없다. 기업가적 성취가 없으면 이윤도 없다"는 그의 말을 우리나라에 대입하면 결론은 하나입니다. 아이디어와 혁신으로 무장한 기업가들이 더 많이 나와야 합니다. 그러기 위해선 혁신하고 도전할 수 있는 풍토가 먼저 조성되어야 합니다.

기술혁신 중소기업의 해방구, 규제 샌드박스

혁신은 '창조적 파괴'를 불러옵니다. 이 역시 슘페터가 자본주의의 역동성을 설명하기 위해 창안한 개념으로 낡은 것을 버리고 새로운 혁신을 만드는 과정에 동반하는 구질서의 파괴를 뜻합니다.

당연히 구질서에서 이윤을 얻던 경제 주체들은 혁신에 저항합니다. 대표적인 것이 '적기조례Red Flag Act'입니다. 1826년 증기기관을 탑재한 자동차가 등장하자 당시 운송시장을 장악하고 있던 영국의 마차 조합이 강하게 반발했습니다. 그들은 시속 30㎞로 달릴 수 있는 자동차의 속도를 시속 6㎞로 제한하는 조례를 통과시킵니다. 그리고 자동차가 오고 있음을 알리기 위해 낮에는 붉은 깃발을, 밤에는 붉은 등을 달고 운전하게 했습니다. 30년 간 지속된 이 법안으로 인해 영국의 자동차 산업은 독일, 프랑스보다 뒤처지고 신흥공업국으로 막 진입한 미국에도 추월당합니다.

전방위적으로 불어 닥칠 4차 산업혁명에도 당연히 창조적 파괴가 뒤따릅니다. 구질서 속에 경제생활을 영위하던 주체들은 일자리를 잃을 것이고 이 때문에 사회적 혼란과 갈등이 발생할 것입니다. 기술진보의 속도가 더 빨라져 이런 갈등은 더 격해지고 빈발할 것이 분명합니다. 지난해 택시노조의 파업을 불러일으킨 카카오 카풀 논란도 200년 전 영국과 유사한 사례입니다. 전통과 혁신이 대립했을 때 정부가 갈등을 어떻게 조율하느냐에 따라 국가의 미래가 달라집니다.

2019년 1월에 시행된 규제 샌드박스는 바로 이런 갈등과 충격을 완화하고 신사업, 신기술을 육성하기 위한 문재인 정부의 규제 개혁 방안입니다. 예컨대 카풀은 여객자동차 운수사업법과 충돌하고

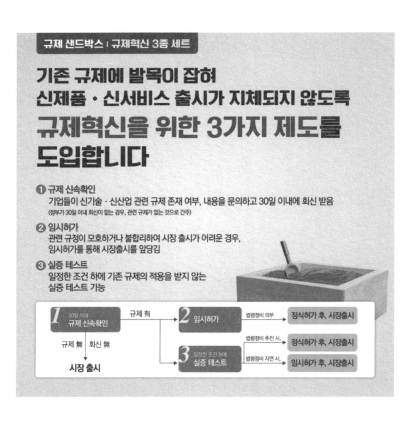

숙박 공유 플랫폼 에어비앤비는 관광진흥법과 충돌합니다. 아이들이 안전한 모래밭에서 마음껏 놀 수 있듯 규제 샌드박스는 새로운 제품이나 서비스가 나왔을 때, 법령을 개정하는 등의 번거로움 없이 2년간 일정조건(시간, 장소, 규모) 하에서 규제를 면제하거나 유예시

키는 제도입니다. 사후에 문제가 생기면 그때 규제합니다.

과거에는 정부가 미래 선도 산업과 기업을 선정하고 국가 예산을 집중하는 방식으로 신기술 지원 정책을 펼쳤습니다. 하지만 이런 방법으론 4차 산업혁명 시대를 대응할 수 없습니다. 어디로 갈지 모르는 4차 산업혁명의 혁신 방향을 정부가 미리 판단하는 것은 원론적으로 한계가 있기 때문이지요. 규제 샌드박스는 혁신을 시장에 맡기되 갈등과 충격을 줄이는 안전한 실험환경이라고 생각하면 됩니다.

그럼에도 생소한 일자리가 생기고 익숙한 일자리는 사라져서 발생하는 피해와 고통은 피할 수 없습니다. 사람 중심의 경제정책이 중요한 이유가 바로 여기에 있습니다. 사회안전망을 확보하고, 4대 보험을 강화하고, 공공 일자리를 더 많이 만들어 취약 계층의 소득을 보전해야만 4차 산업혁명의 충격을 완화시킬 수 있습니다. 또 근로자가 양질의 일자리로 옮겨갈 수 있도록 교육기관을 확충하는 것도 혁명기의 파도를 안전하게 넘는 방법입니다. 이런 안전 장치 없이 성장 일변도로 이 파도를 넘으면 너무 많은 사람들이 희생됩니다. 미국, 독일, 캐나다, 일본 같은 G7 국가보다 조금 늦었지만 전통적으로 재정을 충실히 관리해온 덕분에 우리에게는 충분한 역량이 있습니다.

이미 시작한 최저임금 인상, 치매국가책임제, 건강보험 보장성

강화, 기초연금 인상, 아동수당 도입 등은 포용의 첫걸음일 뿐입니다. 건강과 안전, 주거와 노후, 환경에 이르기까지 삶의 모든 영역이 포용의 대상이며 전 국민을 보듬는 것이 포용의 완성입니다. 포용하지 않으면 혁신도, 성장도 있을 수 없기 때문입니다.

네 번의 실패 끝에
성공한 페이팔

이메일 계정과 비밀번호만으로 간편 결제가 가능하도록 만든 **페이팔**Paypal**의 창업자 맥스 레브친**은 20대에 억만장자가 됩니다. 20대 성공신화라는 화려함에 자칫, 한 번에 성공한 것으로 오해할 수 있으나 그의 성공은 네 번의 실패 끝에 이룬 것입니다.

"첫 번째 회사는 엄청나게 실패했다. 두 번째 회사도 실패했지만 첫 번째보다는 덜했다. 세 번째 회사는 적절하게 실패했고 견딜 만했다. 네 번째 회사는 거의 실패하지 않았다. 그런대로 만족스러웠다. 다섯 번째 회사가 바로 페이팔이다."

페이팔은 전 세계 온라인 결제시스템을 장악합니다. 은퇴하기엔 너무 어렸고 안주하기에는 에너지가 넘쳤던 그는 인터넷 경매 사이트 이베이에 페이팔을 우리 돈 1조 7,000억 원에 팔아버리고 다시 창업에 나섭니다. 그리고 사진과 동영상 공유 사이트 슬라이드닷컴을 만듭니다. 가치를 알아본 구글에 회사를 넘긴 후 그는 다시 창업에 도전합니다. 그리고 좋은 스타트업을 발굴하는 엔젤투자가로도 변신을 하지요.

계속된 실패에도 좌절하지 않았던 것은 레브친 개인의 의지가 강했기 때문이라고 생각합니다. 그런데 연달아 실패했음에도 불구하고 또 다시 투자를 받아 회사를 연이어 설립할 수 있었던 것은 실패를 당연한 것으로 받아들이는 미국의 문화 탓입니다. 산학협동이 가장 잘 구축되어 있고 실리콘밸리의 토대가 된 스탠포드 대학의 학생들은 졸업 후 10년 내에 평균 여섯 번 창업을 합니다. 이는 서너 번의 실패를 경험한다는 이야기이지요. 우리는 단 한 번의 실패만으로 투자받기가 어려워지지만 미국에서는 실패가 자산입니다. 미시건 주에 있는 실패박물관이 그런 문화가 결집된 곳입니다. 이곳엔 기업들이 오랜 수요조사와 연구 개발비를 투입해 혁신이라고 내놓았지만, 하나같이 시장에서 실패한 제품들이 모여 있습니다.

사이다처럼 투명한 콜라, 연기 없는 담배, 보라색 케첩 등 7만 여점이 전시되어 있는데 '왜 실패했는가' 궁금증을 안고 둘러보면 재미난 것들이 많습니다. 성공적인 반응에도 불구하고 후천성 면역결핍증 때문에 망한 에이즈 사탕Ayds candy, 아이들이 이 닦는데 쓰지 않고 장난감으로 가지고 노는 바람에 망한 스프레이 치약 등. 관람객들은 어이없고 엉뚱한 실패담과 예견된 실패 사이의 가지가지 사연들을 재미난 표정으로 둘러봅니다. 만약 진지한 얼굴로 관람하는 사람이 있다면 그는 창업을 준비하는 사람입니다. 실패박물관은 IBM, 애플, 구글, 펩시, 코카콜라 등 아무리 큰 기업도 실패에서 자유로울 수 없음을 보여줍니다.

창업가 정신의 토대, 실패를 용인하는 사회

단 한 번의 대학 입학시험으로 나머지 모든 것을 결정짓는 사회문화 탓에 우리는 실패에 너그럽지 않습니다. 참여정부 시절 교육부총리를 하며 대입만을 전제로 하는 교육이 얼마나 많은 사회적 비용을 발생시키는지 지켜보았습니다. 실타래 하나를 풀기 위해 정책을 바꾸면 또 다른 곳에서 실타래가 꼬이는 난맥상이 너무 오래 지속되어 아무것도 하지 말고 가만히 있으라는 것이 실무자들의 조언이었을 정도입니다. 아무것도 하지 않으면 실패하지도 않는다는 기적의 논리이지요. 하지만 천성적으로 저와는 맞지 않아 실무자들을 많이 괴롭히고 충돌도 많았지만 그럼에도 바꾸지 못한 것이 있다면, 실패에 대한 우리 사회의 고정관념입니다.

한 번의 실패로 낙오자라는 멍에를 짊어져야 하는 풍토는 바뀌어야 합니다. 이 오래되고 잘못된 문화를 바꾸는 일은 교육만으로는 불가능합니다. 사회 전체가 바뀌어야 합니다. 실패를 너그럽게 받아들이고 그것도 자산이라는 것을 알아야 합니다. '소 잃고 외양간 고친다'는 말은 사전에 예방하지 못한 어리석음을 비웃는 속담이지만, 사실 소를 잃어버려야 비로소 어디를 고쳐야 할지 알 수 있는 법입니다. 실패에서 아무것도 배우지 못하는 것이 진짜 실패이지요. 이웃 나라 일본은 '실패 지식 데이터베이스'를 구축해 정부와 연구기관, 창업자, 학생 등 누구든지 구체적인 실패 사례와 정보를 열람할 수 있도록 하고 있습니다.

실패와 시행착오가 모이면 실패를 피할 수 있는 정보가 될 수 있습니다. 모방하며 성장하던 패스트 팔로어 시절에는 선진국의 시행착오를 보며 실패를 줄일 수 있었지만, 선도적인 위치에 선 지금의 우리는 실패할 확률이 높습니다.

발명왕으로 유명한 에디슨은 GE를 설립한 기업가이기도 합니다. 그는 전구를 발명하기까지 수천 번의 실패를 했지만 한 번도 그것을 실패로 받아들이지 않았습니다. 수천 번의 방법이 효과 없음을 입증했다고 받아들일 뿐이었습니다. 이렇듯 실패도 자산이라고 생각하는 것이 창업가 정신입니다. 사회가 실패를 탓하지 않고, 숨어 있는 창업가 정신을 끌어낼 수 있어야 혁신적인 기업, 혁신적인 아이디어가 탄생할 수 있습니다. 야망을 안고 혁신의 전장에 뛰어들 수 있습니다.

2007년에서 2014년 기간 동안 스타트업으로 시작해 M&A, 주식상장, 매출과 고용률 등의 지표를 통해 성공신화를 쓴, 250만 개의 미국 벤처기업을 조사한 결과 창업자들의 평균 연령은 마흔다섯입니다. 안정을 꾀해야 할 중년들이 어떻게 실패할 위험이 높은 창업에 뛰어들 수 있었을까요? 미국에는 왜 이런 중년의 혁신가들이 많을까요? 그 답은 앞으로 얘기할 금융에 있습니다. 이들은 퇴직금이나 담보로 사업자금을 마련하지 않습니다.

PART 4

미래가치를 알아보는 금융
- 기술혁신형
중소기업의 터보엔진

» 주인이 없는 한국 금융은 핀테크 혁명에 굼뜨게 적응하고 있다.

» 융자에서 투자로의 금융혁신이 기술벤처를 새로운 성장동력으로 만든다.

» 엔젤 투자자, 벤처캐피탈 등 다양한 모험자본이 기술혁신형 벤처기업 탄생의 필요조건이다.

» 기술의 가치를 알아보는 벤처캐피탈이 건강한 산업 생태계를 만든다.

» 4차 산업혁명의 지표로 불리는 유니콘 기업이 문재인 정부 이후 6개나 늘어 2019년 5월 현재 8개가 되었다.

» IPO 위주의 자금 회수에서 벗어나 M&A가 활성화되어야 역동적인 자본 순환이 이루어진다.

» 역동적인 금융은 재벌의 변화까지 유도할 수 있다.

대기업과 은행의 다른 행보,
주인 없는 금융의 현실

이상한 소리로 들리겠지만 우리나라 은행들은 주인이 없습니다. 이 역시 박정희식 개발독재의 잔재로, 금융을 하나의 독립된 산업이 아니라 정부 주도의 경제개발에 필요한 전략 산업에 자본을 동원하고 배분하는 정책수단으로 취급했습니다. 그러다 보니 은행의 금리 결정, 대출 배분, 예산과 인사 등 정부의 입김이 안 닿는 곳이 없었습니다. 우리금융지주의 회장이 되기 위해 MB에게 뇌물을 준 이팔성 전 회장을 떠올리면 됩니다. 주인이 아니니 책임감도 없습니다. 임기 4년 동안 고분고분 정부 뜻에 따르고 노조만 잘 관리하면 아무런 문제가 없습니다.

잠시 머물다 가기에 실패할 확률이 높지만, 고수익을 가져다주는 혁신에 뛰어들 이유도 없습니다. 은행이 연구개발R&D에 투자하는 비율이 미국의 800분의 1에 불과하다 하니 금융권의 혁신 의지가 어느 정도인지 짐작되실 겁니다. 외환위기 때 혼쭐이 난 이후 은행은 리스크가 큰 곳엔 투자를 하지 않습니다. 기업대출을 하지 않는다는 이야기입니다. 재작년의 기업대출 규모가 47%에 불과했다는 것은 은행들이 얼마나 보수적으로 경영했는가를 증명하는 사례입니다.

기업대출은 60% 수준이 정상입니다. 그래야 경제에 활력이 생깁니다. 미국은 2008년 금융위기를 겪었음에도 불구하고 여전히 기업대출을 60% 수준으로 유지합니다. 우리나라 금융은 이 간극을 전부 가계대출로 메웠습니다. 금융이 이렇게 움직이면 집값만 상승합니다. 집값 상승은 경제에 아무 도움이 되지 않습니다. 물가상승과 임금인상을 압박하는 요인입니다. 집을 가진 기성세대가 미래세대의 부를 갈취한다는 표현만으론 부족합니다. 사회 동력과 근로의욕을 떨어뜨려 경제와 사회공동체를 망가뜨리는 시한폭탄이라고하는 것이 정확합니다. 그럼에도 지난 두 정권이 단순 경기지표를 높이기 위해 빚내서 집 사라는 신호를 계속 보냈습니다. 임기 내에 부동산 거품만 터지지 않으면 그만이라는 자세로 경제구조를 악화시켰습니다.

대기업에서는 유의미한 변화가 있었습니다. 미래 먹거리 산업에 투자를 하며 혁신을 위한 행보를 보인 것이지요. 하지만 은행은 아직 보수적인 태도를 유지합니다. 대기업과 은행이 같으면서도 다른 행보를 보이는 이유는 대기업이 더 똑똑해서가 아닙니다. 대기업은 설사 중소기업이 강세를 보이고 있는 분야까지 모두 장악한다 해도 혁신하지 않으면, 4차 산업혁명 시대의 세계 무대에서 살아남을 수 없다는 것을 알고 있기 때문입니다. 은행 역시 4차 산업혁명의 파도가 무엇인지를 압니다. 그럼에도 대기업처럼 혁신으로 방향을 돌리지 못하는 이유는 그들이 금융의 주인이 아니기 때문입니다.

국가경제에 있어 금융은 산업을 움직이는 석유와 같습니다. 우리는 지나친 규제 탓에 세계적인 대기업은 있어도 그와 어깨를 나란히 할 세계적인 금융회사는 없습니다. 혁신적인 금융기법을 내놓은 은행도 찾아볼 수 없습니다. 한국경제가 여기까지 오는 동안 은행은 안전한 부동산과 대기업 대출로 이윤을 얻는 관행에 젖어 있었습니다. 늦었지만 시장경제의 원칙에 따라 은행 스스로 생각하고 움직일 수 있는 권한을 주어야 할 시점에 와 있습니다.

핀테크란
무엇인가

자녀를 유학 보냈거나 국제 거래를 하시는 분들은 상시적으로 해외에 송금을 해야 합니다. 전통적으로 해외 송금은 은행이 도맡아서 보내는 사람과 받는 사람 사이를 중개했습니다. 이 경우 네 가지 수수료가 발생합니다. 나라와 나라 사이에 주고받는 것이고 중개하는 기관이 끼어 있기 때문에 송금수수료, 중개수수료, 수취수수료 그리고 외국으로 전문을 보낼 때 부과되는 전신료가 그것입니다. 그런데 외환거래를 국내 거래 형식으로 바꾸어 수수료를 대폭 낮춘 혁신적인 금융서비스가 등장했습니다.

원리는 간단합니다. 한국에 있는 A는 미국에 유학 중인 자녀 B에게 500만 원을 보내고 싶어 하고, 미국에 있는 C는 한국의 거래 상대인 D에게 500만 원을 보내고 싶어 합니다. 예전 방식대로라면 A와 C는 높은 환전 수수료를 물어야 합니다. 하지만 새로운 서비스를 이용하면 A는 한국에 있는 D에게 500만 원을 보내고 C는 미국에 사는 B에게 500만 원을 보내게 됩니다. 모르는 상대끼리의 거래지만 애초의 목적은 달성합니다. 개인이 일치하는 거래자를 찾을 필요는 없습니다. ICT의 발달로 기업이 일치하는 상대를 대신 찾아줍니다. 바로 2011년 창업한 영국의 **트랜스퍼와이즈**TransferWise라는 핀

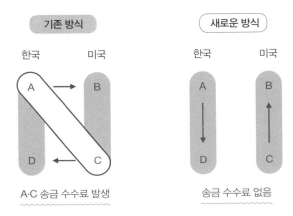

아이디어와 ICT 기술의 발달로 환전 수수료를 없앤 트랜스퍼와이즈

기존 방식

새로운 방식

한국   미국

한국   미국

A·C 송금 수수료 발생

송금 수수료 없음

테크 기업입니다. 기존 방식과 비교했을 때 수수료를 10분의 1까지 낮춘 이 기업은 벌써 주목받는 금융업체로 성장했습니다.

핀테크는 금융을 뜻하는 'Financial'과 기술을 뜻하는 'Technology'의 합성어입니다. 아직 낯선 용어지만 우리는 이미 핀테크를 경험하고 있습니다. ATM기계를 통한 현금인출 및 송금, 신용카드, 삼성페이 혹은 LG페이와 같은 전자지갑, 전자상거래, 모바일 송금 등도 모두 IT와 디지털 기술의 발달로 만들어진 핀테크입니다. 즉 은행창구 앞에 서지 않고, 또 현금을 들고 다니지 않아도 가치를 교환할 수 있게 만든 것들은 모두 핀테크라고 보면 됩니다.

핀테크 혁명의 격랑, 굼뜬 한국 금융

　2008년 이후 국가 간 IT장벽이 사라지고 네트워크가 더욱 촘촘해지면서 핀테크는 4차 산업혁명 기술 중 현재 가장 빠른 성장과 많은 수익을 내는 분야가 되었습니다. 금융이 다른 산업보다 IT에 대한 의존도가 높기 때문입니다. 예컨대 고객과 은행 간의 모든 금융거래는 은행 내부, 혹은 은행 사이에 연결된 네트워크 시스템에 의해 처리됩니다. 고객과 돈에 대한 모든 정보 또한 네트워크 속에 있습니다. 수표와 현금 없이 해외여행을 할 수 있는 것도 국가 간에 연결된 IT 네트워크 덕분입니다. 애초부터 금융이야말로 IT를 이용한 혁신의 기회가 매우 큰 산업이었던 것이죠.

　이를 증명하듯 2008년 전 세계적으로 10억 달러 수준이었던 핀테크 스타트업에 대한 투자는 2013년에 30억 달러 수준으로 증가합니다. 2018년 1/4분기에만 56.3억 달러, 2/4분기에는 3.6배나 증가한 203.5억 달러가 투자되었습니다. 트랜스퍼와이즈의 예에서 보듯 전통적인 금융기관이 지배해왔던 금융 서비스 시장의 질서가 빠르게 재편되고 있습니다. 앞으로는 지점이나 ATM 기계에 얼마나 쉽게 접근할 수 있느냐가 아니라 어떤 서비스를 내놓느냐에 의해 금융의 미래가 결정될 것입니다. 자산관리솔루션, 개인 대 개인의 대출 중계, 빅데이터로 고객의 소비패턴을 분석한 맞춤서비스 등 금융권이 아닌 IT기업들이 소비자에게 보다 편리하고 혁신적인 서비스를 발 빠르게 내놓고 있습니다. 우리는 이 분야에서 10년이나 뒤처져 있습니다. 세계가 핀테크에 뛰어들 때 우리는 강바닥을 파고 있었지요.

세계 선진국의 은행은 번화가 1층에서 임대료가 싼 고층으로 옮겨 갔습니다. 모바일로 금융거래가 가능해진 만큼 굳이 임대료가 비싼 1층을 고집할 이유가 없어졌기 때문이지요. 제가 뉴욕에 갔을 때 고층으로 올라간 은행을 목격하고 놀랐던 기억이 있습니다. 우리나라 은행들은 여전히 대로변에 수많은 점포를 갖고 있습니다. 변화된 환경과 생태계에 적응하지 못하고 있다는 반증입니다.

세계 언론은 핀테크를 활용해 생태계 변화에 대응하고 시장을 선점하려는 각 기업의 상황을 '핀테크 전쟁'이라고 표현합니다. 틀린 말이 아닙니다. 여기엔 전통적인 금융기관과 IT기업 간의 사활이 걸려 있습니다. 게다가 국가 단위의 국지전이 아니라 글로벌 차원에서 벌어지는 세계대전입니다.

전통적인 금융기관은 새로운 고민을 해야 할 때입니다. 은행과 신용카드 회사가 도맡아왔던 지급결제 시장에 알리바바, 스타벅스, 월마트, 아마존 같은 기업이 뛰어들었습니다. SNS업체 페이스북도 온라인 송금과 결제 시스템을 준비한다고 합니다. 20억 명에 달하는 페이스북 사용자 모두가 잠재고객입니다. 페이스북이 금융업으로 수익을 내면 어떤 일이 벌어질까요? 네트워크로 연결된 IT의 위력은 이렇듯 대단합니다. 벤처 투자자들이 핀테크 분야에서 차세대 구글이나 아마존, 애플이 가장 먼저 출현할 것으로 예상하는 이유입니다.

핀테크 기업의 출현에 전통적인 금융기관도 디지털 혁신으로 맞서야 합니다. 수수료 인하 같은 소극적 대책으로는 소비자들로부터 그동안 수수료 장사나 해왔다는 비아냥만 들을 뿐입니다. 예컨대 스페인에 본사를 둔 다국적 은행 **빌바오 비스카야 아르헨타리아**BBVA는 혁신기반 전쟁에서 전략적 우위를 다지기 위해 2009년 미국에서 설립된 **온라인 은행 심플**Simple을 1억 1,700만 달러에 인수했습니다. 이 다국적 은행은 사내 벤처를 통해 새로운 비즈니스 모델을 구축하는 동시에 핀테크 스타트업에 대한 투자도 함께 진행합니다. 핀테크 격랑에 가장 기민하게 움직인다는 평가를 받는 이 은행의 CEO **프란시스코 곤잘레스**는 공교롭게도 프로그래머 출신입니다.

그래도 최적의 환경,
아직 늦지 않았다

우리나라의 초고속 인터넷 보급률은 100%입니다. 스마트폰 사용자는 전체 인구의 95%를 넘어서 있습니다. 전 국민이 인터넷에 친숙한 나라입니다. 핀테크뿐만 아니라 ICT 신기술이 나올 수 있는 최적의 장소입니다. 혁신적인 핀테크 기업이 탄생할 수 있는 최적의 환경이지만 준비하지 않으면 외국계 금융, 외국계 IT기업이 장악하기도 쉬운 환경입니다. 우리는 2015년이 되어서야 IT와 금융의 융합을 전폭적으로 지원하겠다며 규제완화와 더불어 진입 장벽을 낮추려는 논의를 시작했습니다. 은행자본과 산업자본을 분리한 '은산분리' 원칙 때문에 점포 없는 인터넷 기반 은행이 2017년에야 겨우 2곳 출범했습니다.

2018년 8월 규제혁신 간담회에서 문재인 대통령은 은산분리라는 대원칙을 지키면서 인터넷은행이 운신할 수 있는 폭을 넓혀주도록 국회가 입법으로 뒷받침해줄 것을 당부했습니다. 2018년 정기국회에서 통과된 '인터넷전문은행특례법'이 2019년 1월 시행되면서, 정보통신기술 주력 기업은 인터넷은행 지분을 최대 34%까지 보유할 수 있게 되었습니다.

'안전한 예대마진'에 의존하는 융자 중심의 현재 금융시스템을

미래가치를 알아보는 금융 - 기술혁신형 중소기업의 터보엔진

혁파하여, 주인이 없는 우리 금융의 문제를 해결해야 합니다. 핀테크의 발달로 금융이 IT융합서비스 분야로 전환되고 있는 상황에서, 성공한 IT기업에 소규모의 금융산업 진출의 문을 열어줌으로써, 주인 있는 금융회사가 나오게 하는 것입니다. 인터넷전문은행의 등장으로 수익경쟁이 일어나면 기업금융과 투자 위주로 갈 수밖에 없을 것입니다. 이것이 '메기효과'로 이어져 우리나라 금융이 가계금융 중심에서 기업금융 중심으로, 융자 중심에서 투자 중심으로 전환되는 전기가 마련될 것입니다. 규모는 작지만 주인이 있는 인터넷은행이 금융혁신을 앞당기고, 기술벤처에 대한 투자 금융을 선도하게 될 것입니다.

다행이라면 핀테크 혁명은 아직 완성되지 않았고 여전히 진행 중이라는 점입니다. 컴퓨터 웹을 기반으로 온라인 결제 시장을 장악했던 페이팔은 모바일 앱을 기반으로 한 스마트폰 결제 방식이 등장하리라는 것을 전혀 예상하지 못했습니다. 2012년 시장에서의 지배적 위치를 위협받자 페이팔은 **벤모**Venmo, **줌**Xoom과 같은 모바일 비즈니스기업을 인수해 페이팔 히어Paypal Here를 내놓으며 발 빠르게 적응하고 있습니다. 아직 늦지 않았습니다. 시장은 아직 열려 있으니 빠르게 움직여야 합니다. 정부도 고민하고 있지만 금융권도 혁신을 위해 나서야 합니다.

핀테크 투자는
우리나라 금융의 미래

    IT 강국이라고 자부하지만 핀테크 분야에서 우리나라는 아직 걸음마 단계를 벗어나지 못하고 있습니다. 엄격한 은산분리 원칙과 규제로 인해 금융산업의 진입 문턱이 높기 때문입니다. 우리는 지금까지 규제 사항을 나열해놓고 이를 충족시키지 못하는 기업에게는 사업 승인을 해주지 않았지요. 엄격한 은산분리 원칙을 적용시키는 나라는 전 세계에서 우리와 미국뿐이었지만, 미국은 우리보다 먼저 규제를 완화해 핀테크 산업에 많은 투자를 하고 있습니다. 예컨대 골드만삭스는 2013년부터 지급결제와 빅데이터 분석 스타트업에 집중 투자하고 있습니다. 대표적으로 **켄쇼**Kensho라는 스타트업은 기업들의 재무데이터를 인공지능으로 분석해 애널리스트들보다 더 정교한 정보를 투자자들에게 제공합니다. 애널리스트 15명이 4주간 매달려야 하는 일을 단 5분 만에 해결해 애널리스트 업계에 충격을 주었지요. 이 기업은 핀테크가 투자금융의 활성화와 투자의 안정성을 유도할 수 있다는 증거로 여겨집니다.

    금융 전업 기업가가 200만 명 이상이나 있고 투자 노하우와 자금이 충분한 미국이 이렇게 핀테크로 눈을 돌리는 이유는 금융의 미래가 여기에 있다는 것을 알기 때문이지요. 우리는 그동안 은산분

미래가치를 알아보는 금융 - 기술혁신형 중소기업의 터보엔진

리를 너무 엄격히 고집한 나머지 금융기관의 혁신 의지를 꺾은 면이 있습니다. 올해부터 금융위와 기획재정부를 중심으로 규제 완화에 속도를 내기 시작했습니다. 금융사들이 핀테크 기업을 인수하거나 투자할 수 있어야 선도적인 핀테크 기업들이 출현합니다. 그래야 핀테크 스타트업의 재정적 불완전성도 해소할 수 있습니다.

핀테크는 다른 4차 산업혁명의 스타트업에게도 도움이 됩니다. 예컨대 그동안 전통적인 방식의 투자나 대출 외에는 자금 확보 수단이 없었던 벤처기업에게 크라우드 펀딩이라는 대체 수단이 생겼습니다. 크라우드 펀딩은 온라인을 통해 다수의 소액투자자들로부터 자금을 모아 필요한 사람(기업)에게 대출하는 것을 말합니다. 개인 대출은 2005년 영국의 조파닷컴이 효시이고 창업가를 대상으로 펀딩한 것은 2012년 네덜란드의 에이비엔 암로ABN AMRO가 시작입니다. 우리나라의 경우도 크라우드 펀딩 시장은 2016년 174억 원에서 2018년 301억 원으로 규모가 1.7배가량 커졌습니다. 이렇듯 혁신적인 서비스를 제공하는 핀테크 기업의 출현은 다른 스타트업의 젖줄이 될 수 있습니다.

지점을 갖고 공급자 중심의 상품을 운영하던 은행의 전통적 사업 방식은 서버를 통해 고객의 니즈를 실시간으로 해결하는 소비자 중심, 개인 맞춤형 금융으로 옮겨가고 있습니다. 우리나라 금융권은 지금까지 담보 중심의 융자를 해왔기에 4차 산업혁명의 기술력을 평가할 수 있는 전문성이 현저히 낮습니다. 하지만 핀테크에 대한 안목만큼은 떨어지지 않습니다. 원래 금융권 영역 안에 있었던 것이기 때문이지요. 핀테크 투자가 활성화되어야 담보 중심으로 운영하던 은행의 보수적인 경영 관행도 혁신될 수 있습니다. 4차 산업혁명의 기술적 가치를 알아보는 금융으로 거듭날 수 있습니다.

혁신 기업은 무엇으로
투자를 받는가?

기술혁신은 기존의 기업에서도 일어날 수 있지만 신생기업에서 일어날 가능성이 더 많습니다. 기존 기업은 회사의 관료적 문화와 타성에 사로잡혀 혁신적인 아이디어를 떠올리기 힘듭니다. 설사 떠올렸다 해도 경직된 조직 문화로 인해 사장되기 십상이지요. 한때 세계 휴대전화 시장을 지배하며 매년 매출액의 6~10%를 연구개발에 투자했던 노키아가 대표적인 예입니다. 그들은 스마트폰의 시장가치를 알아보지 못했습니다. 아이폰이 시장에 나오기 수 년 전 이미 스마트폰과 심비안이라는 운영체제를 개발해놓고도 미래를 읽지 못했습니다. 경영진이 앱 생태계, 플랫폼 기반 서비스라는 혁신적인 아이디어까지 묻어버린 것은 아주 유명한 일화이지요. 성공

미래가치를 알아보는 금융 - 기술혁신형 중소기업의 터보엔진

할지 실패할지 알 수 없는 상황에서 피처폰의 우월적 지위만을 고집한 노키아는 이후 모바일 폰 시장에서 잊힌 기업이 됩니다.

글로벌 기업의 경우 연구개발에 매년 수조 원의 돈을 투자하기 때문에 혁신을 꾀할 수 있지만, 경직된 관료문화로 인해 자칫 몰락할 수 있습니다. 신생기업은 정반대입니다. 아이디어와 기술력이 있지만 이를 실현할 자본이 부족합니다. 새로운 생각을 갖고 있어도 그들은 실제로 개발하고 실행에 옮길 수 있는 자본이 없습니다. 슘페터는 은행으로부터의 자본 공급은 기술혁신의 필요조건이며 기업에 대한 원활한 자본 공급이 은행의 기본 역할이라고 강조했습니다. 하지만 신생기업이 은행으로부터 자본공급을 받기란 말처럼 쉽지 않습니다.

금융시장에서 은행과 같은 자본 공급자는 수요자에게 돈을 빌려주고 그 대가를 받음으로써 자산을 증식시키는 것을 목적으로 합니다. 그런데 돈을 빌려줄 때는 세 가지 위험이 따라옵니다. 먼저 원할 때 돈을 회수하지 못할 수 있습니다. 이를 유동성 문제라고 합니다. 둘째는 돈을 빌려줬는데 수익률이 기대했던 것보다 낮을 수 있습니다. 이는 수익률의 위험이라고 합니다. 마지막은 파산이나 사기로 인해 돈을 돌려받지 못하는 채무불이행의 위험입니다. 자본 공급자인 은행은 이 세 가지 위험을 피하고자 수요자인 기업에게 담보를 요구합니다. 대표적인 담보가 부동산입니다.

대한민국은 부동산이 있어야 기업하기 편하다는 말이 있습니다. 부동산은 공시지가가 나와 있으니 딱 그만큼을 은행에서 빌릴 수 있는 것이죠. 문제라면 신생기업에게는 자본을 조달할 수 있는 부동산이 없다는 것입니다. 기술혁신형 벤처기업의 경우 은행에 담보로 잡힐 수 있는 것이 기술밖에 없습니다. 하지만 여기엔 어떤 기술이 혁신을 가져올지, 누구의 기술이 시장 가치를 창출할지 제대로 판단하기가 쉽지 않다는 문제가 뒤따릅니다.

우리나라 금융은 아마존의 첫 10년을 인내할 수 있는가

1994년 창업한 세계 최대 전자상거래업체 아마존은 이듬해부터 인터넷에서 책을 팔기 시작하고 1997년 상장했습니다. 창업하고 3년 만에 상장했으니 대단한 성장입니다. 그로부터 20년 만에 아마존닷컴은 월마트를 제치고 시가 총액 1위의 소매기업이 됩니다. 다시 5년 후에는 애플과 구글의 위치를 넘보는 기업으로 성장합니다. 전 세계 180개국을 대상으로 상품을 판매하고 있는 아마존은 올해 3월부터 홈페이지에서 한국어를 지원하기 시작했습니다. 1997년 첫 주식공모를 했을 때 9달러였던 주가는 2년 후 주당 209달러에 거래되었습니다. 무려 23배나 가치가 뛰어오른 것이지요. 하지만 제프 베조스 회장은 초기 투자자들에게 앞으로도 향후 5년간은 주식 배당금을 기대하지 말라고 했습니다. 실제 아마존닷컴은 2004년까지 내리 10년 동안 적자를 기록했습니다.

전통적인 제조업이 창업 후 제품을 만들어 매출을 일으키고 그 매출을 쌓아 재투자하는 방법으로 천천히 성장했다면 4차 산업혁명의 기술혁신 기업은 기술과 인프라에 선투자하고 이 선투자된 인프라를 바탕으로 한 번에 시장구조를 바꾸는 방식으로 폭발적인 성장을 합니다. 아마존이 대표적이지요. 벌어들이는 이익의 대부분을 고객만족도 향상을 위한 전략적 선행 투자에 쏟아부었고 대부분의 투자는 기술 분야에 집중했습니다. 적자 기업을 지금까지 이끌고 온 베조스도 대단하지만 그런 기업의 미래 가치를 읽어내고 기다려준 미국의 금융계도 대단하지 않습니까? 과연 지금의 우리나라 금융계는 아마존과 같은 기업을 키워낼 수 있을까요?

기술을 보는
미국의 금융

수익률이 낮지 않을까? 채무불이행에 빠지지는 않을까? 세계 어느 나라나 자본을 공급하는 은행 입장에서는 이 같은 딜레마에 빠질 수밖에 없습니다. 그런데 왜 미국엔 이름만 들어도 알 수 있는 벤처기업들이 그렇게 많은 걸까요? **애플, 선마이크로시스템, 인텔, 퀄컴** 같은 IT, 반도체 분야의 세계적 강자들은 모두 벤처로 시작했습니다. 뿐만 아니라 세계 물류망을 장악하고, 이들의 실적이 곧 세계 경기지표 해석의 바로미터가 되는 **페덱스**도 벤처였습니다. 여러 가지 원인이 있겠지만 여기서 이야기하고 싶은 것은 은행의 역할과 인적 구성이 미국은 우리와 다르다는 점입니다.

먼저 은행은 상업은행과 투자은행으로 나눌 수 있습니다. 상업은행은 여러분들이 흔히 접하는 은행입니다. 고객의 예금을 받아 기업이나 개인에게 대출해주고 여기서 발생하는 금리 차이로 이윤을 얻는 은행입니다. 이들은 매우 안전하게 자산을 운용해서 고객에게 돌려줍니다. 웰스파고, 뱅크오브아메리카, 씨티은행이 미국의 대표적인 상업은행입니다. 반면 투자은행은 위험을 감수하며 고수익을 쫓습니다. 이들은 기업에 장기 산업자금을 대출하고 주식을 인수해서 팔며 M&A에도 관여하면서 적극적으로 이윤을 추구합니다. 모건스탠리, 골드만삭스가 대표적이고 우리나라에서는 증권사나 종합금융회사가 이 역할을 합니다.

우리나라 상업은행과 투자은행의 핵심 인력은 상대와 법대 출신입니다. 주로 담보를 평가해서 기업에 융자를 해주니까, 계약서를 어떻게 작성할 것인가? 담보물은 어떻게 평가할 것인가? 채무불이행이 일어나면 어떻게 자금을 회수할 것인지에 인력을 집중합니다. 반면 미국의 은행은 인적 구성이 우리나라 은행에 비해 다양합니다. 상대, 법대뿐만 아니라 기업의 기술력을 평가하기 위해 이공계열에서 절반 이상의 인력을 뽑습니다.

또 수백 년 동안 유대인을 중심으로 한 전문 금융기업인들이 금융기법을 개발해온 터라 투자은행의 역할도 고도로 전문화되어 있습니다. 모건스탠리와 골드만삭스는 증권발행 중심이고 살로몬브라더스 같은 투자은행은 매매 중심입니다. 이외에 M&A, 증권 소매, 위탁매매, 투자자문, 자산관리, 기업 구조조정에 특화된 은행들이 존재하며 기업의 성장에 맞추어 각기 다른 역할을 합니다. 적합한 CEO를 추천하는 것도 이들의 역할입니다. 페이팔을 만든 레브친이 CEO가 아니라 CTO, 즉 최고기술경영자였다는 것은 미국 벤처 생태계의 특징을 잘 보여줍니다. 미국은 은행이 투자만 하는 게 아니라 함께 키워나갑니다.

건국 이전 미국의 기업은 모두 중소기업이었습니다. 중소기업이 성장하고 M&A로 규모가 커진 것이 오늘날 미국 대기업의 역사입니다. 그리고 계속 새로운 중소기업이 출현하면서 미국 경제의 양대 축을 형성되었습니다. 이 과정에서 미국 금융의 역할은 절대적입니다. 그들은 담보를 요구하지 않습니다. 2008년 금융위기를 겪었음에도 미국의 은행들은 투자금융에 60%, 상업금융에 40% 비중으로 자산을 운용합니다. 우리는 기업금융이 47%에 불과하고 그나마도 담보와 보증 중심입니다. 자기 책임하에 직접 투자하는 비율은 1.2%밖에 되지 않습니다. 기술혁신형 중소기업을 알아보고 평가할 역량이 부족하기 때문이지요. 역량을 높이기 위해 인적자원을 어떻게 구성해야 할지, 어떤 전문성을 길러야 할지 금융권 스스로 생각할 때입니다.

우버, 상장하다

유니콘 기업은 10억 달러 이상의 기업 가치를 지닌 창업 10년 미만의 벤처기업을 가리킵니다. 주식을 상장하기도 전에 우리 돈 1조 원이 넘는 가치를 지녀 상상 속에서나 볼 법한 '유니콘'을 닮았다고 해서 붙여진 이름이지요. 기술혁신의 파급력이 커진 지금은 데카콘 Decacorn도 등장했습니다. 100억 달러 규모의 기업 가치를 지니는 10년 미만의 스타트업을 가리키는 말입니다. 유니uni는 1, 데카deca는 10을 뜻하죠. 유니콘이 되기도 어렵지만 데카콘이 되기는 더더욱 어렵습니다. 모든 유니콘 기업의 우상인 우버가 그 데카콘으로, 2019년 4월

11일 미국 증권거래위원회에 상장 신청서를 제출했습니다. 로이터 통신에 따르면 기업 가치가 1,200억 달러로 평가될 것이라고 합니다. 10년 만에 우리 돈으로 130조가 넘는 회사로 성장한 겁니다.

앞서 말했듯이 차량공유 플랫폼 우버는 차량을 단 한 대도 소유하고 있지 않습니다. 모바일 앱을 통해 승객과 운전기사를 연결해주는 허브 역할만 합니다. 요금의 20%를 수수료로 가져가고 나머지 요금은 운전기사가 갖는 방식이지요. 덕분에 고수익을 올리는 운전기사도 탄생했다고 합니다. 모방기업도 등장했습니다. 미국의 리프트, 중국의 디디추싱, 인도의 올라, 동남아 8개국에서 서비스를 시작한 그랩, 우리나라의 타다가 그들입니다. 우버는 선도기업답게 진출하는 나라마다 택시업계의 반발과 소송, 규제에 시달렸습니다. 먼저 매를 맞은 셈인데 놀라운 것은 9년 동안 내리 적자였다는 겁니다. 그럼에도 우버화물, 우버선박, 우버콥터로 사업 영역을 확장했습니다. 성장 단계에 따라 다양한 형태의 금융지원과 투자가 있었기에 가능한 일입니다.

이렇듯 창업 및 경영 과정에서 금융은 기업의 성공과 실패를 가르는 결정적 요소입니다. 해마다 조금씩 변하지만 2017년 세계 290개 유니콘 기업 순위에 미국은 139개, 중국은 81개, 영국은 14개, 한국은 2개를 올렸습니다. 특히 데카콘으로 불리는 상위 10개는 대부분 미국과 중국이 차지했습니다. 유니콘 기업의 숫자는 4차 산업

구직 대신 창직하라

혁명의 지표로 불립니다. 우리는 상당히 뒤처져 있습니다. 여러 이유가 있지만 우선 금융이 제 역할을 하지 못한 탓이 큽니다. 창업자 자신의 종자돈, 부동산 담보, 친인척으로부터 빌린 돈으로는 데카콘은커녕 유니콘으로도 성장하기 힘듭니다. 벤처 생태계가 잘 조성되어 있는 곳은 예외 없이 금융이 힘을 보태고 있습니다.

스타트업이 먼저 만나는 투자자, 엔젤과 공공기관

성추문으로 사퇴했지만, 그동안 우버를 이끈 사람은 **트래비스 칼라닉**입니다. 대학시절 개인 간 P2P 음악파일 전송 프로그램으로 첫 벤처 사업을 시도한 기업가형 인물이지요. 하지만 더 좋은 기술을 지닌 라이벌의 등장으로 크게 실패합니다. 몇 년 후 다시 창업에 도전해 작은 성공을 거둡니다. 2007년 두 번째 벤처를 2,300만 달러에 매각해 약 300만 달러를 손에 쥡니다. 하루 14시간씩 매달렸던 것에 비하면 적은 액수이지요. 세 번째 벤처 우버를 창립하기 전까지 칼라닉은 잠시 엔젤 투자자로 활약했습니다. 스타트업 기업이 가장 먼저 만나는 투자자들이 바로 이들입니다.

엔젤은 보통 투자하려는 분야에서 성공한 경험이 있는 사람들입

미래가치를 알아보는 금융 - 기술혁신형 중소기업의 터보엔진

니다. 그렇지 않더라도 상당한 전문성이 있는 사람들이 대부분입니다. 이들은 초기 단계의 벤처가 갖고 있는 높은 위험성에도 불구하고 사업성이 있으면 기꺼이 투자합니다. 개인투자자이기에 투자금액은 많지 않지만 다양한 인적 네트워크와 경험을 갖고 있어서 스타트업에 상당한 도움을 줍니다. 칼라닉이 우버를 시작할 때, 엔젤투자자 중 한 사람은 그의 첫 벤처를 실패하게 만든 경쟁자 숀 패닝이었습니다. 패닝이 만든 P2P 서비스에는 파일 공유라는 개념이 있었습니다. 공유가 공유를 알아본 셈이지요.

스타트업 단계에서 만나는 두 번째 투자자는 공공지원기관의 투자로 우리 경우에는 중소기업정책자금이 여기에 해당합니다. 정부는 해마다 약 4조 원 가량의 예산을 편성하는데 정책목표를 달성하는 것이 목적이지 투자를 통해 사적 이윤을 추구하지 않습니다. 대신 도덕적 해이를 방지하고자 핵심 성과지표를 제시하고 달성 여부를 확인하지요. 소프트웨어 기업에 투자할 경우, 소프트웨어 개발자를 얼마나 고용했느냐가 성과지표에 해당합니다. 역시 지원 규모가 크지는 않지만 스타트업의 대외 신뢰도를 높인다는 긍정적인 면이 있습니다. 문제는 담당 공무원에게 벤처의 혁신성과 상업성을 평가할 만한 역량이 없다는 점입니다. 또 공무원은 기본적으로 위험 회피 성향이 있어 책임지고 투자하지 않습니다. 혁신성과 기술력에 대한 평가보다는 공평한 분배에 더 신경을 쓰는 경향이 있습니다. 그러다 보니 정작 시장가치가 높은 기술혁신형 중소기업에게 충분한 지원이 돌아가지 못하는 실정입니다. 중소기업 정책이 이윤을 목표로 하는 것이 아니니 공무원 탓을 할 수는 없지요. 여기서 중요한 역할을 하는 것이 바로 벤처캐피탈입니다.

스타트업을 키우는 투자자, 벤처캐피탈

성장단계에 들어서면 벤처기업은 필요한 자본이 급격히 증가하고 창업 후 2~5년 안에 '죽음의 계곡'이라는 시련을 통과하게 되어 있습니다. 이 시기는 매출이 발생하기 전 단계입니다. 매출이 발생해도 자본을 조달하기엔 이윤이 크지 않은 단계이기도 합니다. 이때 많은 벤처가 쓰러집니다. 재무관리나 마케팅 실패, 기술적 해결의 어려움 등이 발생하면서 폐업하기도 하지만 대부분은 자본조달 문제로 파산합니다. 이 죽음의 계곡을 탈출할 때 가장 든든한 지원군이 벤처캐피탈입니다.

벤처캐피탈은 높은 수익을 제공하는 고위험 벤처비즈니스에 특화된 투자기관으로 투자펀드를 조성, 관리하며 기대 수준에 적합한 투자를 합니다. 엔젤 투자자만큼 기술적 안목이 높은 것은 아니지만, 미국의 경우 이공계 엔지니어 출신 매니저들이 다년간의 경험을 바탕으로 남다른 전문성을 갖추고 있습니다. 또 투자뿐만 아니라 비즈니스 성장에 유용한 여러 비재무적 자원(재무관리, 마케팅, 컨설팅)도 함께 제공합니다. 실리콘밸리에는 이런 벤처캐피탈이 넘쳐납니다. 미국의 벤처캐피탈은 다소 보수적으로 움직이는 상업은행의 투자를 유도하는 역할도 합니다. 안정적으로 자금을 회수해야 하기는 미국의 상업은행도 마찬가지지요. 이들은 벤처캐피탈의 투자를 받은 벤처기업을 중심으로 추가 투자합니다. 벤처캐피탈의 투자와 관리를 받는 스타트업은 죽음의 계곡을 통과할 때 부도가 날 확률이 낮기 때문입니다. 3~4년 이내로 대출을 적용할 경우, 채무불이행의 위험을 줄일 수 있는 것이지요. 상업은행으로부터 자금을 확보하면 기업 신용도가 올라가기 때문에 죽음의 계곡을 통과한 후 기업 재무구조를 탄탄히 하는 데도 도움이 됩니다.

실리콘밸리의 벤처캐피탈은 스스로 기술을 찾아다닙니다. 우리는 거꾸로 기술이 돈을 쫓아다니지요. 우리나라 금융기관들은 부동산 대출, 담보 평가로 융자하기 때문에 아이디어만 있는 기업은 투자받기가 어렵습니다. 기술만 있고 담보가 없으면 그때는 과거의 영업실적을 따집니다. 여기까지 오는 것도 금융권으로서는 기업에 호의적인 태도를 보인 것입니다. 그러나 기업을 성공적으로 경영한 이력이 없으면 융자받기도 쉽지 않은 것이 우리의 벤처 생태계이지요. 개인 신용대출 10만 달러(한화 약 1억 원)로 시작했지만 5,200만 달러(한화 약 600억 원)를 투자받을 수 있는 곳이 미국의 벤처 생태계입니다. 1995년 DNA와 RNA의 상업적 응용을 연구하는 바이오 스타트업 유에스게노믹스U.S. Genomics가 그 주인공입니다. 이렇듯 가능성 있는 기업을 스스로 찾아다니며 장기 투자를 하기 때문에 미국의 벤처캐피탈은 '헌신금융'으로도 불립니다.

비교적 성숙 단계에 접어들면 벤처를 대상으로 중장기 투자하는 사모펀드로 연결되었다가 다시 대기업 위주의 전략투자자들에까지 이어집니다. 여기까지 왔다면 이 벤처기업은 성공 가능성이 상당히 높아진 것입니다. 벤처기업이 여기까지 오는 데 벤처캐피탈이 상당한 역할을 합니다. 우리 벤처 생태계에서 가장 부족한 것이 벤처캐피탈입니다.

미국에서 태어난 벤처캐피탈, 미국을 이끌다

정치, 사회, 문화, 경제의 바탕이 대부분 유럽에서 기원한 미국이지만 벤처캐피탈만큼은 미국에서 태어났습니다. 1946년 자유 시장경제의 활력에 관심이 많았던 부호 존 H. 휘트니가 처음 벤처캐

피탈을 설립하면서 미국 벤처의 역사는 시작되었습니다. 당시 공산
진영의 맹주였던 소련이 7~8%의 고속성장을 거듭하고 있어 1980
년이면 미국을 넘어선 경제대국이 되리라 예상되었습니다. 소련을
방문한 서구의 지식인들 사이에 "인류의 미래를 보고 왔다"는 말이
회자될 정도로 소련의 성장이 위협적이던 때였지요.

시장경제 원리를 따르지 않으면 어떤 결과가 초래되는지 지금은
상식이 되었지만, 당시엔 소련과 체제 경쟁을 벌이던 때라 미국은
1958년 중소기업투자법Small Business Investment Act을 만들어 중소기업 활
성화 정책을 펼칩니다. 정부정책과 민간자본이 결합하면서 1960년
대 미국의 벤처산업은 폭발적인 성장을 합니다. 당시 탄생한 대표
적인 벤처가 반도체로 유명한 인텔과 세계 물류망을 장악한 페덱스
이지요. 인텔에 투자한 벤처캐피탈은 겨우 250만 달러로 인텔 지분
의 절반을 소유했고 페덱스에 투자된 2,500만 달러는 주식 상장으
로 12억 달러, 무려 48배에 달하는 가치를 창출했습니다.

1970년대가 되면 세계 자본주의 전체가 미국의 벤처캐피탈에 주
목합니다. '부족한 것은 아이디어를 가진 사람이 아니라 언제나 자
본이다'로 표현되는 미국 벤처캐피탈의 정신처럼 끊임없이 만들어
지는 중소기업과 대기업으로 성장하는 벤처기업이 속출했기 때문
이지요. 프랑스의 경우 1972년 미국의 컨설팅 업체에 벤처캐피탈
산업 분석을 용역 의뢰할 만큼 적극적으로 벤치마킹하려고 했습니

다. 산업기반이 취약했던 우리는 1986년에 와서야 중소기업창업지원법을 제정해 창업투자회사 설립을 지원하게 됩니다. 하지만 정부의 제도적 지원 아래, 상호경쟁 속에서 자연스럽게 성장한 미국의 벤처캐피탈과 달리 다른 나라의 벤처캐피탈은 모험적인 모습을 보여주지 않았습니다. 위험도가 높은 창업 초기에는 투자하지 않고 어느 정도 성공의 기미가 보이는 후기에 투자하는 보수적인 태도를 보였지요.

미국의 벤처캐피탈은 창업 초기, 그리고 대개 첨단기술과 혁신 서비스에 투자합니다. 이미 성공한 기업이 있는 시장에서는 후발주자가 크게 성공할 가능성이 없기 때문이지요. 그래서 그들은 이미 성숙한 산업보다 성장 가능한 산업을 찾아다닙니다. 기민함과 전문성을 무기로 하기 때문에 운용자금에 비해 조직 규모도 크지 않습니다. 최소 3억 달러 이상의 자본을 움직이면서도 적으면 4명, 평균 12명의 벤처캐피탈리스트가 전부입니다. 이들은 좋은 벤처기업을 발굴하면 투자에 그치지 않습니다. 기업의 의사결정 과정에도 관여합니다. 창업자의 경영 능력이 부족하면 이사회를 통해 교체하는 일도 일어납니다. 앞에서 언급한 유에스게노믹스의 경우 스타트업 5년 만에 CEO를 새로 선임했습니다. 이들에게 중요한 것은 아이디어의 시장성과 상업성, 그리고 그로 인한 기업 가치 창출이기 때문이지요.

훌륭한 기술과 아이디어를 가진 기업만 있으면 자본과 경영 노하우를 제공해 수 년 만에 유니콘기업으로 성장시키는 이들의 존재는 미국 산업계를 건강하게 만드는 한 축입니다. 미국의 대기업이 골목상권으로 진출하지 않고 끊임없는 혁신에 매달리는 이유도 이 벤처캐피탈의 존재에 있습니다. 언제든 새로운 강자가 나타나 대기업의 우월적 지위를 위협할 수 있기 때문이지요. 윈도우 운영체제에 자사의 웹브라우저를 끼워 팔며 독점적 지위를 누리던 마이크로소프트, 세계 검색엔진을 독점하던 야후를 밀어낸 구글의 뒷 배경에는 바로 벤처캐피탈이 있었습니다.

역동적인 이익환수, 벤처 금융생태계의 선순환

벤처캐피탈은 가능성 있는 기업을 발굴해 투자를 하고 투자 자본에 프리미엄을 붙여 회수함으로써 이윤을 남깁니다. 벤처캐피탈 역시 기업이기 때문에 자본 회수와 이익 창출이 아주 중요합니다. 미국의 벤처금융계는 얼마나 많은 투자 수익을 거두었는가로 벤처캐피탈의 능력이 평가되고 실적이 나쁜 캐피탈은 자연스럽게 사라집니다. 이런 식으로 70년 동안 성장해왔기에 기업을 판별하는 안목도 수준급이어서 전 세계 스타트업을 대상으로 자금을 운용합니다. 유니콘으로 성장한 우리나라 벤처들도 모두 이들의 지원을 받았습니다. 국가경제자문위원장으로 활동하고 있는 저로서는 많이 아쉬운 부분이지요.

벤처캐피탈이 투자 자본을 회수하는 방법은 크게 두 가지입니다. 기업공개IPO를 통해 주식을 상장하는 것과 인수합병M&A이 그것이지요. 가능하다면 IPO가 바람직합니다. IPO에 성공했을 시 M&A 때보다 투자 수익이 평균 4~8배 높습니다. IT 창업 붐으로 벤처캐피탈의 투자회수가 가장 활발했던 1999년 미국의 경우 IPO는 157건, M&A는 214건으로 집계되었는데 평균적으로는 M&A를 통한 투자회수가 90% 수준입니다. 우리나라는 압도적으로 IPO를 선택합니다. M&A는 창업 실패라고 여기는 문화가 지배적인 탓이지요. 그럴 만도 한 것이 우리나라 창업자들은 벤처캐피탈로부터 경영에 관한 자문이나 도움을 받지 못하고 오로지 자기 힘으로 모든 것을 이끕니다. 자금모집, 자금운용, 조직구성, 조직관리, 기술개발, 마케팅 등 경영 전반에 모두 신경을 쓰다 보니 기업에 대한 애착이 상대적으로 클 수밖에 없지요.

모든 벤처가 IPO에 성공할 수는 없습니다. 공유경제라는, 얼핏 별것 아닌 듯한 아이디어로 IPO를 앞둔 우버와 달리 앞서 소개한 켄쇼는 2018년 세계적인 신용평가사 스탠다드앤푸어스에 M&A되었습니다. 영국 브렉시트에 따른 파운드화 변동, 트럼프 당선 직후 환율 예측, 북한 미사일 실험에 따른 시장변동 등을 몇 가지 키워드 입력으로 정확히 예측한 기술력에도 불구하고 IPO를 하지 못한 것입니다. 2014년 구글이 만든 벤처캐피탈로부터 1,000만 달러, 골드만삭스에게서 1,500만 달러를 투자받아 4년 만에 5억 5,000만 달러에 팔렸으니 IPO를 하지 못했다고 실패한 것은 아닙니다. 더욱이 스탠다드앤푸어스는 기업가치를 높게 평가해 브랜드명 '켄쇼'를 계속 사용할 것이라고 밝혔습니다.

IPO를 할 것인지, M&A를 할 것인지는 해당 기업, 벤처 생태계, IPO와 M&A 시장의 상황에 달렸습니다. 우리나라의 M&A 비율은 10% 미만이지만 M&A야말로 벤처 생태계에서 아주 중요합니다. 투자자금을 빠르게 회수할 뿐만 아니라 기업이 가진 아이디어와 기술력이 시장에서 사장되는 것을 막아주는 역할을 합니다. 신기술과 새로운 비즈니스 모델이 너무 빨리 등장해 벤처기업의 생애 주기가 짧아진 오늘날, M&A는 아이디어와 기술의 확장에 도움이 됩니다. 또 유력 벤처들끼리의 M&A는 기업의 시장가치를 높이는 역할도 합니다. 합병으로 기업의 성장이 빨라지는 장점도 있습니다.

반면, IPO 위주의 자금 회수는 금융 생태계의 역동성을 떨어트립니다. 특히 자금을 회수하기까지 오랜 시간이 걸립니다. 상장 요건을 갖춘 뒤에도 상장 준비에만 최소 2년의 시간이 필요한데 외부

감사, 회계감사, 정관 개정 등을 하다보면 실제로는 3년 이상의 시간이 걸립니다. 최근에는 상장기업의 대형화로 인해 투자회수에 걸리는 시간도 길어지는 추세입니다. 2018년 기술특례로 코스닥 상장에 성공한 20개 기업의 평균 나이가 대략 13.7년입니다. 미국에 비해 3.7년이 더 소요됩니다. 이렇게 IPO 위주로 자본금을 회수하다보니 신규투자 또한 증권시장의 시황에 크게 영향을 받습니다. 전체적으로 벤처 금융 생태계의 활력이 떨어지는 편이지요.

M&A에 대한 거부감은 기업인들의 인식 탓이니 이 부분을 빨리 개선할 수는 없습니다. 정부가 할 수 있는 일은 다양한 모험 자본이 시장에서 움직일 수 있도록 각종 제도를 개선하는 것입니다. 예컨대 문재인 정부는 올해부터 부동산 담보와 과거 실적 위주의 여신 평가를 개선해 기계, 재고, 매출채권과 같은 동산과 채권, 지적재산권까지 평가하는 일괄담보제도를 정책 금융기관에 먼저 도입하고 민간 금융기관도 확대해나갈 것입니다. 금융의 장기적인 투자를 유도하기 위해 세제를 개편하고 코스닥, 코넥스의 상장기준도 완화하는 등 여러 제도적 지원책을 준비하고 있습니다.

또 정부는 중소기업진흥공단을 통해 기술혁신형 벤처기업에 4조 4,000억 원을 공급하고 스케일업 단계에 있는 중소벤처에는 1,000억 원을 지원할 예정입니다. 하지만 정부 재정으로 공급되는 예산은 벤처기업에게는 언 발에 오줌 누기에 불과합니다. 궁극적으로는 시장이 나서야 합니다. 우리 경제 규모로 볼 때 향후 3년 동안 100 조 원 정도의 자본이 움직여야 합니다. 이 과정에서 정부의 역할은 제도 개선과 제도적 지원이지 시장 참여가 아닙니다. 시장에는 정부가 아니라 기술의 가치, 혁신의 가치를 알아볼 수 있는 다양한 모험자본이 있어야 합니다.

기업하기 좋은 나라, 가치에 대가를 지불하는 미국

미국 벤처 생태계에서는 큰 회사가 작은 회사를 사들이는 일이 끊임없이 일어납니다. 하지만 인수에 나선 기업들은 작은 회사의 매출에 관심이 없는 경우가 많습니다. 경우에 따라서는 제품에도 신경을 쓰지 않는다고 합니다. 기업이 가장 필요로 하는 것은 사람입니다.

아카마이Akami라는 기업이 있습니다. 웹 보안, 웹 가속 등 클라우드 기반 서비스를 통해 고객사의 서버의 부담을 줄여주는 기업입니다. 25만 대 이상의 서버를 130여 나라에 분산 설치해 전 세계에서 오가는 데이터의 약 20%를 처리하는 기업입니다. 뉴욕타임즈, 로이터, 애플, 마이크로소프트, 페이스북 등이 이 회사의 고객이지요.

구직 대신 창직하라

아카마이는 2007년 칼라닉이 두 번째로 창업한 벤처기업 **레드 스워시** Red Swoosh를 인수했습니다. CEO 폴 세이건은 인수 이유를 이렇게 말했습니다. "최신 기술에 정통한 그 회사의 엔지니어들이 필요했습니다. 우리가 지난 몇 년간 수없이 시도했지만 실패한 프로젝트를 완성시키기 위해 그 회사의 인재들이 필요했습니다."

핵심 인력을 빼가거나 기술 유출을 통해 중소기업의 싹을 잘라버리는 우리 대기업과는 전혀 다른 모습이지요. 손쉽게 모방할 수 있는 서비스도 미국은 정당한 대가를 지불하고 인수합니다. 신발 소매업체 **자포스** Zappos와 유통 공룡 아마존이 그 주인공입니다. 자포스는 1999년 혁신적인 서비스를 보여주며 등장한 기업입니다. 연중무휴 24시간 콜센터, '무료배송, 무료반품, 마음에 들 때까지 반품'이라는 철저한 고객 중심 서비스로 유명했으며 전화 대기 시간과 판매량으로 근무 평가를 하는 다른 기업들과 달리 '고객 중심'이라는 몇 가지 원칙 외에는 전부 직원들에게 맡겼습니다. 고객 응대 매뉴얼도 따로 없었습니다. 고객과 인간 대 인간으로 마주하고 상황에 따라 적절히 대응하는 것이 응대 매뉴얼의 전부였습니다. 예컨대 '모친상으로 인한 반품'을 접하고는 조화와 위로의 카드를 들고 콜센터 직원이 직접 고객을 찾아갔다는 일화가 인터넷에 올라왔을 정도로 유명하지요.

2009년 아마존은 이 기업을 12억 달러에 인수했습니다. 세상의 모든 것을 판다는 거대 유통 공룡이 자포스를 모방하지 않고 M&A로 대가를 지불했습니다. 동종업계에서 모방이 난무하는 우리와는 다른 모습이지요. 미국의 기업도 패스트 팔로어 전략을 쓰는 경우가 있습니다. 대개 같은 업종이 아닐 때 모방을 통해 혁신을 도모합니다. 예컨대 1990년대 보잉은 민간 항공기 분야의 경쟁자 에어버스를 따라잡기 위해 자동차업체 도요타의 린Lean 생산방식을 모방했습니다. 린 생산방식은 재고비용(과잉인력, 과잉재고)을 줄이고 생산효율을 극대화하는 방법입니다. 세계 최대의 알루미늄 생산업체인 알코아Alcoa의 사고방지 프로그램을 미국 병원들이 의료사고 예방을 위해 도입한 것도 모방을 통한 혁신의 또 다른 예입니다.

기업하기 좋은 나라, 신뢰자본으로 움직이는 미국

서비스와 마찬가지로 기술 역시 모방하기가 쉽습니다. 특히나 인터넷 기반 사업은 모방하기가 더 쉽지요. 지금 소셜 네트워크 서비스의 대명사는 페이스북이지만 전에 없던 새로운 유형은 아닙니다. 개방성, 신속성, 설정의 간편함을 무기로 기존에 있던 서비스를 개선한 융합형 SNS입니다. 2004년 스타트업으로 시작해 투자설명회를 갖던 저커버그는 이듬해 〈워싱턴포스트〉의 CEO 돈 그레이엄을 만납니다. 시작한 지 18개월 미만의 벤처는 '발아 단계'라고 해서 매출이 없습니다. 보통 엔젤들이 이 단계에서 투자를 하는데 10만 달러에서 25만 달러가 흔하고 50만 달러를 넘는 경우는 드뭅니다. 그런데 저커버그는 그 자리에서 그레이엄으로부터 600만 달러 투자 약속을 받습니다. 뿐만 아니라 컨설팅업체 맥킨지에 있던 셰릴 샌드버그라는 유능한 인재까지 추천받지요. 그녀는 페이스북의 최고운영책임자로 자리를 옮깁니다. 신뢰가 바탕이 되지 않는 비즈니스 세계에서는 이런 일이 일어나지 않습니다.

우리나라 기술혁신형 벤처들은 자신의 기술이 무엇인지 투자자에게 드러내기를 꺼립니다. 자금난을 겪으면서도 보여주지 않으려 합니다. 미국과는 전혀 다른 모습이지요. 그동안 공공연하고 악랄하게 자행되던 대기업의 기술 탈취를 보아왔기에 상대를 믿지 못하는 것입니다. 납품단가를 후려치려다 거절하면 갖가지 이유와 압박을 통해 기술도면을 요구합니다. 그리고 그대로 모방해 중소기업이 개발한 기술을 한순간에 물거품으로 만들어버리는 것이 지금까지 우리 대기업들의 행태였습니다.

신뢰는 자본주의를 돌리는 무형의 자본입니다. 상대가 나를 속이지 않을지, 우리 기술과 아이디어를 탈취하지 않을지 걱정하느라 정작 해야 할 일을 하지 못하는 꼴입니다. 〈프레시안〉의 보도에 따르면 2015년에서 2017년까지 기술탈취로 중소기업이 입은 피해액만 1,000억 원이 넘는다고 합니다. 그럼에도 대기업의 보복이 두려워서 공정위 조사에 진술조차 않으려는 것이 우리 중소기업의 현실입니다. 이런 일을 방치하면 우리나라에서 애플이나 구글 같은 기업은 탄생할 수 없습니다. 독일이나 일본과 같은 중소기업 강국으로 나아가기 위해서도, 미국처럼 대기업과 중소기업이 경제성장의 양축이 되기 위해서도 이 불공정한 관행을 반드시 뿌리 뽑아야 합니다.

미국은 매년 60만 개에서 80만 개의 회사가 생겨나고 200만 명이 창업에 도전합니다. 우리처럼 퇴직금을 안고 뛰어드는 생계형 창업은 드뭅니다. 그리고 소프트웨어, 반도체, 의료기기, ICT, 생명과학 같은 하이테크 분야에 집중되어 있습니다. 따라서 석박사급 인재들의 창업 비율이 50%를 넘습니다. 우리는 겨우 5%에 불과하지요. 힘 있는 자가 자신의 아이디어를 훔치지 않는다는 믿음, 실패해도 빈곤층으로 떨어지지 않는다는 사회적 신뢰가 마련되어야 역동적인 기업환경이 만들어집니다. 사람과 사람 사이의 믿음, 대기업과 중소기업 간의 신뢰, 계약자와 계약자 사이의 신의, 국가와 구성원 사이의 신뢰는 경제성장의 또 다른 동력입니다.

구직 대신 창직하라

금융이 바뀌어야
모험자본이 나온다

초기 스타트업에 투자하는 개인투자자들이 엔젤로 불리는 이유는 1930년대 할리우드와 브로드웨이 극장가에서 유래되었다고 합니다. 영화를 만들고 연극을 공연하기 위해서는 돈이 필요한데 영화와 연극의 성공 여부는 누구도 장담할 수 없었습니다. 연극과 영화에 대한 투자가 일종의 모험적인 투자였던 것입니다. 따라서 보수적인 은행은 연극과 영화 산업에 대출하기를 꺼렸고 엔터테인먼트 업계의 관계자들은 다른 자본가를 찾을 수밖에 없었습니다. 이들이 접촉한 자산가들이 상당히 관대한 조건으로 연극·영화 산업에 투자한 탓에 '엔젤'로 불리게 되었다고 합니다. 처음 벤처캐피탈을 설립한 존 H. 휘트니도 그런 인물이었습니다.

엔젤 투자자들은 미국 자본주의의 역동성을 상징하는 존재입니다. 이들은 축적한 자본을 부동산과 같은 수동적인 곳에 투자하지 않고 가능성 있는 시장에 투자함으로써 끊임없이 역동적인 경제 상황을 만들어냅니다. 이러한 전통은 현재까지 이어져 연간 25만 명 이상의 엔젤이 활약하며 서로 연대와 정보 교환을 위해 소규모 조직을 만들기도 합니다. 가장 대표적인 엔젤 클럽은 실리콘밸리에서 활동하는 'The Band of Angel'로 120여 명의 엔젤이 가입되어 있습니다. 미국 중소기업청의 조사에 따르면 엔젤의 평균 나이는 마흔 일곱이며 연복리 20% 이상의 투자수익률을 기대하고 세 번에 한 번 꼴로 투자 실패를 예상한다고 합니다. 그리고 75%가 벤처창업 경험이 있다고 합니다.

벤처의 역사가 짧은 우리의 경우 2013년 기준으로 엔젤 투자자가 약 5,000명으로 집계되었습니다. 수가 부족하니 위험도가 높은 초기 스타트업에 대한 투자 비율도 2%에 그쳤습니다. 미국은 평균 45%로 수준으로 전체 투자금액이 벤처캐피탈의 규모와 엇비슷하다고 합니다. 미국과 같은 금융 생태계를 만들기는 역부족이 아닐까 싶지만 저는 그렇게 보지 않습니다. 우리나라에 50억 원 정도의 여유 자금을 굴릴 수 있는 자산가의 수가 대략 100만 명이 넘기 때문입니다. 안타깝게도 이들의 자본은 대부분 부동산에 묶여 있습니다.

그동안 부동산이 안전자산의 역할을 해왔고 금융 또한 가계대출 위주로 부동산 가격 상승을 부추겼으니 그럴 수밖에 없었습니다. 이윤이 생기는 곳으로 모여드는 것이 자본의 생리입니다. 인류는 오랜 기간 땅을 가꾸는 농사를 통해서만 부를 창출했습니다. 증기기관을 발명한 1차 산업혁명, 내연기관과 컨베이어 벨트로 대량 생산을 가져온 2차 산업혁명, 컴퓨터와 인터넷으로 공정의 자동화를 달성한 3차 정보혁명에도 토지는 물적 수단으로써 가치 창출에 중요한 역할을 했습니다. 그런데 4차 산업혁명 시대에 부동산은 과

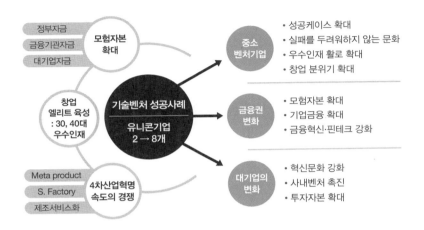

포용적 혁신성장으로의 로드맵

- 정부자금
- 금융기관자금
- 대기업자금

모험자본 확대

창업 엘리트 육성 : 30, 40대 우수인재

기술벤처 성공사례
유니콘기업 2 → 8개

- Meta product
- S. Factory
- 제조서비스화

4차산업혁명 속도의 경쟁

중소 벤처기업
- 성공케이스 확대
- 실패를 두려워하지 않는 문화
- 우수인재 활로 확대
- 창업 분위기 확대

금융권 변화
- 모험자본 확대
- 기업금융 확대
- 금융혁신·핀테크 강화

대기업의 변화
- 혁신문화 강화
- 사내벤처 촉진
- 투자자본 확대

거만큼 큰 역할을 하지 못합니다. 숙박업소 에어비앤비는 집은커녕 침대조차 없이 이익을 창출합니다. 상하이에는 직접 찾아가지 않고 앱을 통해 특정 업소의 음식을 주문하고 즐길 수 있는 공유 레스토랑도 생겼습니다.

미래 가치를 알아보는 금융이 생기면 자산가들의 자본도 따라 들어옵니다. 은행이 그 역할을 해야 합니다. 은행이 투자를 하면 공시가 되기 때문에 시중 여유 자금의 따라 들어오는 선순환을 만들 수 있습니다. 우리나라 5대 은행의 평균 자산운용 규모는 600~650조

원이고 30대 재벌이 갖고 있는 여유 자금은 1,000조 원 규모입니다. 이 자금의 5%만 움직여도 부동산에 묶인 자본이 움직입니다. 그러려면 스타트업 단계, 스케일업 단계, 자금회수 단계별로 돈이 돌아야 합니다. 업종별로 고도의 전문성을 가진 금융이 선도적인 역할을 해야 합니다.

대기업이 산업 전반을 장악하고 있음에도 지난 20년간 IT, 게임, 바이오, 환경 등의 업종에서 자산 가치 1,000억 이상의 기업이 1,000여 개나 탄생했습니다. 대한민국 경제의 역동성과 우리에게 창의융합형 인재가 많다는 증거입니다. 혁신하지 못하고 미래 가치를 읽어내지 못하는 기업은 도태됩니다. 눈앞의 이윤과 관성에 젖어 있는 대기업은 신생 기업의 도전을 받게 될 겁니다. 아마존은 25년 만에, 구글은 20년 만에 대기업으로 성장했습니다. 아마존은 물류의 전통 강자 페덱스의 시장을 위협하고 있고, 구글은 애플의 사업 영역에 뛰어들었습니다. 이렇게 짧은 나이에 성공한 기업이 많이 만들어져야 재벌도 변합니다. 혁신 기업의 가치를 알아보는 금융이 많아져야 이런 일이 가능합니다.

배틀그라운드의
서바이벌 탄생기

우리나라가 e-스포츠 종주국이라는 사실은 많이 알려져 있습니다. 잘 알려지지 않은 것이 있다면 인터넷 기반 온라인게임도 우리나라가 먼저 시작했다는 사실입니다. 1994년 PC통신을 통해 최초로 서비스된 '쥬라기공원', '단군의 땅'이 그렇고 1996년에 서비스된 최초의 그래픽게임 '바람의 나라'도 온라인게임입니다. 온라인게임은 불특정 다수가 동시에 접속해 게임을 즐길 수 있도록 구현했기에 머드MUD, Multi User Dungeon게임이라고도 불립니다.

게임 산업도 기술혁신이냐고 하시는 분들이 있겠지만 온라인게임으로 고객을 끌어모을 수 있고 수익도 창출할 수 있다는 것을 우리가 처음으로 증명하자 세계 스타트업들이 너도나도 뛰어들었습니다. 이로 인해 절대강자 닌텐도가 잡고 있던 시장의 판도는 2명이 즐기던 비디오게임에서 다수가 동시에 즐기는 온라인게임으로 완전히 넘어갔습니다. 시장 질서를 재편하고 여기에 e-스포츠라는 영역과 프로게이머라는 직업군을 탄생시켰으니 당연히 혁신입니다.

2017년 우리나라에서 글로벌 온라인게임 하나가 탄생했습니다. 바로 '배틀그라운드'입니다. 전 세계에 5,500만 장 이상 팔렸고, 매출은 1조 원이 넘었습니다. 프로게이머라는 직업을 만든 스타크래프트의 판매고가 1,000만 장이었으니 어느 정도 성공인지 짐작이 가실 겁니다. 배틀그라운드는 **블루홀**이라는 스타트업이 만든 작품입니다. 이사회의 의장을 맡고 있는 **장병규 대표**가 현재 대통령 직속 4차 산업혁명위원회 위원장도 겸하고 있어 제가 알게 된 이야기입니다. 블루홀은 2007년 세계 공략을 목표로 스타트업을 만듭니다. 창업 초기 자금난을 겪고 있을 때 매우 불리한 투자 조건을 제시한 회사가 있었습니다. 이익을 내지 못하면 장병규 대표의 개인재산을 투자금 대신 회수하겠다는 것이었지요. 이른바 담보입니다. 이때 구원자로 나선 것이 실리콘밸리에 있는 **벤처캐피탈 알토스벤처스** AltosVentures입니다. 2008년 첫 투자를 시작하면서 블루홀에게는 든든한 지원군이 됩니다. 블루홀이 투자받기가 어려웠던 이유는 국내 다른 게임업체와 65억 규모의 소송을 벌이고 있었기 때문입니다. 국내 캐피탈은 소송 중인 업체에 투자하지 않는다는 불문율이 있다고 합니다.

그런데 알토스가 투자하자 국내 캐피탈들도 따라 들어옵니다. 하지만 모든 벤처가 그렇듯 성공이 쉽지만은 않습니다. 2017년 초대박을 터뜨리기까지 한 번도 성공을 못합니다. 2015년엔 투자사와 회사가 공멸할 만큼의 큰 위기도 있었습니다. 투자사와 회사 임원진들이 소집돼 엑시트(투자자금 회수)를 논의합니다. 그런데 결론은 의외의 방향으로 흘러갑니다. 공격 적인 M&A, 유능한 개발자가 있

출시와 함께 세계 1위 온라인 게임이 된 배틀그라운드도 엔젤 투자자의 도움이 있었기에 가능했다.

는 중소게임업체를 인수하기로 합니다. 이윤을 못 내는 블루홀을 파는 것이 아니라 거꾸로 기술력 확보에 나선 것입니다.

　이때 영입된 인물이 배틀그라운드 개발을 지휘한 김창한 프로듀서입니다. 처음 서바이벌 게임 장르의 기틀을 마련한 아일랜드 출신의 브랜든 그린도 영입됩니다. 팀은 1년 안에 개발을 완료하겠다고 약속하고 그 약속을 지킵니다. 예상했던 판매량은 40만 장, 9년 동안 투입된 투자금에 비하면 형편없는 기대치였지만 게임은 초대박이 납니다. 투자사는 60배의 투자수익을 얻습니다. 블루홀은 이름을 **크래프톤**으로 바꾸고 올해 IPO를 앞두고 있습니다. 미국의 시장조사업체 CB인사이트는 크래프톤의 기업 가치를 약 50억 달러(한화 6조 원)로 평가했습니다. 연대보증이나 담보를 통해 사업자금을 유치했다면 배틀그라운드의 성공은 없었을 겁니다. 배틀그라운드의 성공 뒤에는 연대보증과 담보를 요구하지 않은 벤처캐피탈이 있었습니다. 오래 참고 기다려준 캐피탈이 있었습니다. 일반적인 우리나라 벤처캐피탈의 투자전략을 따르지 않은, 실리콘밸리에 기반을 둔 알토스벤처스가 그 주인공입니다.

한국 벤처 생태계, 어디까지 와 있나?

흔히 대통령은 말로 통치한다고 합니다. 예컨대 문재인 대통령은 2019년 2월 19일 서울 노원구 월계문화복지센터에서 열린 '포용국가 사회정책 대국민 보고'에서 포용국가 정책 실현의 중요성에 대해 연설했습니다. 또 3월 21일에는 기업은행 본점에서 '혁신금융 비전 선포'를 통해 창업 기업체에 대한 은행의 문턱을 낮추겠다고도 연설했습니다. 일반 시민들이야 이런 사소한 연설 하나하나에 귀를 기울이지 않지만 시장은 역동적으로 반응합니다. 대통령의 말은 곧 구체적인 정책으로 이어지기 때문이지요. 대선 후보 시절 중소벤처기업부를 창설해 벤처 창업을 돕겠다고 한 공약이 대표적인 예입니다.

그렇다면 시장이 얼마나 역동적으로 움직였는지 볼까요? 정권 출범과 함께 역대 최대인 8,300억 원의 모태펀드 출자예산을 추경으로 편성해 시장에 벤처 투자확대 정책기조를 분명히 전달하자 시장은 능동적으로 움직였습니다. 2018년 10월까지 벤처에 투자된 돈을 집계한 결과 2.8조 원으로 나타났습니다. 전년 대비 56%나 증가한 금액입니다. 모태펀드 운용 체계를 시장 친화적으로 개편해 수익은 높여주고 투자위험은 낮추어주자 민간자본이 대거 움직인 것입니다. 문재인 정부의 벤처기업 활성화 정책이 궁극적으로 의도하는 바가 이것입니다.

미국의 CB인사이트에 따르면, 2017년 2곳에 불과했던 유니콘 기업이 문재인 정부 들어 6곳이나 늘어났습니다. 쿠팡(전자상거래), 옐로모바일(스타트업 연합), 크래프톤(게임), L&P코스메틱(화장품), 비바리퍼블리카(핀테크), 우아한형제(음식 주문 및 배달앱), 야놀자(숙박 예약), 위메프(전자상거래)가 그들입니다. 대단치 않은 숫자라고 생각할 수도 있지만 미국, 중국, 영국, 인도에 이어 우리는 독일과 함께 다섯 번째로 많은 유니콘 기업을 가진 나라입니다.

문재인 정부는 시장에 분명한 신호를 보냈습니다. 환경은 점점 더 좋아질 것입니다. 여기에 1세대, 2세대 창업가들이 투자자로 변신하면서 국내 스타트업들의 환경도 좋아지고 있습니다. 세계 최고 수준의 얼굴인식 기술을 가진 올라웍스를 창업해 2012년 인텔에 기

	크래프톤	비바리퍼블리카	옐로모바일	L&P 코스메틱
분야	게임	핀테크	스타트업 연합	뷰티
창업연도	2007년	2011년	2012년	2009년
기업가치	약 6조 원	약 1조 4,000억 원	약 4조 5,000억 원	약 2조 원

	쿠팡	위메프	우아한형제들	야놀자
분야	전자상거래	전자상거래	배달앱	숙박 예약
창업연도	2013년	2010년	2010년	2005년
기업가치	약 10조 원	약 1조 5,000억 원	약 2조 8,000억 원	약 1조 1,800억 원

자료 : CB 인사이트(2019년 5월 기준).

업을 매각한 후 투자자로 변신한 **퓨처플레이**의 류중희 CEO는 이렇게 말합니다. "IT창업 붐이 일었던 20년 전과 달리 성공한 엔젤들이 많아지면서(2018년 기준으로 1만 5,388명) 스타트업의 환경이 좋아지고 있습니다. 현재 대한민국은 세계에서 엑셀러레이터들의 활동이 가장 활발한 곳입니다."

엑셀러레이터는 스타트업을 발굴해 실전교육, 멘토링, 경영 프로그램, 초기 자금 등을 지원해 벤처로 키워가는 전문기업을 뜻합니다. 퓨처플레이가 그렇고 **메쉬업엔젤스**, **스파크랩**, **벤처스퀘어**, **닷네임코리아**, **씨엔티테크**, **와이앤아처**, **로아인벤션랩**, **액트너랩**, **더벤처스** 등도 엑셀러레이터들입니다. 벤처캐피탈보다 투자 규모는 작지만 더 많은 위험을 감수하면서 초기 스타트업의 생존을 도와주는 일종의 창업사관학교 겸 투자회사라고 생각하면 됩니다. 이들의 활동이 활발하다는 것은 우리나라 벤처 생태계에 긍정적인 요소입니다.

벤처캐피탈도 변하고 있습니다. 앞에서 소개한 알토스의 투자 성공으로 인해 우리나라 벤처캐피탈도 실리콘밸리식 투자기법이 무엇인지 알게 되었습니다. 담보요구나 CEO 보증, 실적이 부진할 때 지속적으로 채근하던 관행과 조기에 투자자금을 회수하려던 조급함이 사라지고 있다고 합니다. 또 IPO 직전에 있는 기업에 투자하던 안전 위주 투자 관행도 '하이 리스크 하이 리턴'으로 돌아서고 있습니다. 알토스가 블루홀, 쿠팡, 우아한 형제, 비바리퍼블리카 등에 투자하면서 이들을 유니콘으로 키워내는 것을 보았기 때문이지요.

알토스의 CEO는 한국계 이민 2세대 김한준 씨입니다. 뿌리가 한국인이다 보니 한국을 바라보는 시선도 각별합니다. 그는 벤처캐피탈의 과열로 미국 스타트업은 과평가된 위험이 있지만 한국 스타트업은 캐피탈의 부재로 저평가되고 있다며 본격적인 투자를 위해 2013년 한국에 사무소를 개설했습니다. "우리나라는 똑똑한 사람이 많습니다. 치열하지만 공정하게 경쟁할 수 있는 조건만 만들어지면 더 큰 기업이 쏟아질 겁니다. 한국에서 더 많은 유니콘 기업을 만들고 싶고, 장기적인 관점에서의 투자, 이사회를 통한 투명경영 문화도 안착시키고 싶습니다." 사업과 함께 새로운 기업문화를 전파하고 싶은 것이 그의 꿈입니다. 저는 이 꿈을 응원합니다. 그가 성공할수록 새로운 기업문화를 가진 기업이 탄생할 것이고 우리나라 벤처캐피탈에게도 긍정적인 영향을 끼칠 것이 분명하기 때문입니다. 이제 장병규 대표의 말로 마무리하겠습니다. 그는 배틀그라운드의 성공을 이렇게 되짚습니다. "벤처는 평균적으로 실패합니다. 스타트업이 실패했다고 구성원들까지 실패하는 것은 아닙니다. 그들은 성장합니다. 김창한 프로듀서는 17년 동안 4개의 게임을 만들었지만 한 번도 성공하지 못했습니다. 브랜든 그린은 아일랜드 정부로부터 생활안정자금을 지원받던 웹디자이너였습니다. 스타트업의 실패가 구성원의 실패로 이어지면 그들의 경험과 역량마저 사라집니다."

포용적 경제의 중요성을 다시 한 번 확인할 수 있는 말입니다. 도전하는 사람들을 신용불량자로 만드는 사회에선 시련을 통해 성장

구직 대신 창직하라

하는 사람이 나올 수 없습니다. 벤처의 성공과 실패가 우리에게 던지는 메시지입니다. 꼭 기억해야 할 대목입니다.

인재는 넘쳐난다
남은 것은 하나

SK는 현재 혁신에 가장 적극적인 기업입니다. 사내 벤처 육성 프로그램 '하이개러지HiGarage' 이외에도 SV이노베이션센터(구 오픈콜라보센터)를 통해 외부 스타트업과의 협업도 추진하고 있습니다. 아이디어만 있으면 누구나 지원이 가능하고 선정되면 SK의 지원과 협력을 받아 창업할 수 있습니다. 스마트폰 크기의 빔 프로젝트를 개발해 2016년 미국과 1,000만 달러 수출계약을 맺은 크레모텍이 대표적인 기업이며, 공기청정기에 스피커 기능을 갖춘 '후하', 원하는 구도를 촬영 화면에 나타낼 수 있는 카메라앱, 커피찌꺼기와 미생물을 이용한 친환경 비료 등의 여러 아이템이 SK의 지원 아래 개발되고 있습니다. 2013년부터 2018년까지 총 66개의 스타트업을 키워냈습니다. 작년 한 해에만 260건의 아이디어가 나왔고 26건이 시장검증을 통과했으며 6건이 상품화되었습니다.

유웅환 SV이노베이션 센터장은 인텔에서 10년간 수석 엔지니어로 일했고 월스트리트 투자회사들의 기술자문을 맡았던 이력이 있습니다. 2011년 귀국 후엔 삼성과 현대에서 시스템 반도체와 미래형 자동차를 연구한 인물입니다. 월스트리트의 투자 생리와 실리콘밸리 기업문화에 정통한 그는 우리나라의 미래를 밝게 보고 있습니다. "인텔과 한국에서의 경험을 비교하면 R&D의 경우 인텔에서 5명이 할 일을 우리나라에서는 1명이 하고 있었습니다. 그런 상황에서도 경쟁력 있는 결과물을 만드는 것을 보고 새삼 우리나라 사람들이 똑똑하다는 것을 느꼈습니다. 창업하기 좋은 조건, 연구하기 좋은 환경이 만들어지고 지금 하고 있는 과제를 반만 줄여 집중하면 얼마든지 퍼스트 무버로 진입할 수 있습니다."

똑똑한 사람이 많다는 이야기는 알토스의 김한준 CEO도 했습니다. 스티글리츠 교수 역시 대졸자 비율로 이 사실을 우회적으로 지적했습니다. 세계 화이트해커들이 모여 실력을 겨루는 국제해킹대회에서 국가적 지원 없이도 세 번이나 우승했고 언제나 상위에 랭크되는 것도 우리 실력을 입증하는 사례입니다.

인재는 많습니다. 정부가 한국 벤처생태계를 위해 정책적으로 뒷받침한다면 남은 것은 하나입니다. 언제나 부족한 것은 자본입니다. 김한준 CEO는 70~80년대 한국의 재벌이 성공할 수 있었던 것은 우리 정부가 벤처캐피탈 역할을 했기 때문이라고 합니다. 벤처캐피탈리스트다운 표현 속엔 금융의 역할이 함축되어 있습니다. 기술 가치를 알아보는 금융이 더 필요합니다. 금융이 변하면 대한민국의 미래가 열립니다.

PART 5

혁신 성장의 무한 에너지
– 교육혁신, 사회혁신

» 4차 산업혁명이 요구하는 인재는 공교육에서 나온다.

» 대학은 창업을 지원하는 기업가형 대학으로 거듭나야 한다.

» 길어진 수명, 무엇을 하고 살 것인가? 미래는 창직의 시대다.

» 모든 경제주체들의 대화와 타협만이 4차 산업혁명을 실현한다.

» 공정하지 않으면 지속할 수 없다. 노·사·정은 혁신 경영 공동체이다.

모두가 한 곳을 향해 달리는
붉은 여왕의 저주

　《이상한 나라의 앨리스》는 어린이들을 위해 쓰였지만 인문사회 학자, 이공계열의 학자들까지 좋아하고 탐독하는 동화입니다. 동화 속에 등장하는 수많은 에피소드에 영감을 받아 많은 과학적 가설들이 나오고 여러 개념들이 정립되었지요. 그중 경제학에서 주로 다뤄지는 개념이 있습니다. 바로 '붉은 여왕 효과'입니다. 앨리스가 만난 붉은 여왕은 나무 아래서 계속 달립니다. 깜짝 놀란 앨리스가 이유를 묻자 여왕은 이렇게 말합니다. "길이 뒤로 움직이잖니. 여기서는 보다시피 그 자리에 계속 있으려면 쉬지 않고 달려야 해. 만일 어디로 가고 싶으면 두 배로 빨리 뛰어야 해." 붉은 여왕 효과는 자기가 움직일 때 주변상황도 함께 움직이기 때문에 다른 사람보다 앞서 가려면, 그보다 빠르게 움직여야 한다는 뜻으로 쓰입니다.

기업이 끊임없는 혁신을 시도하는데도 경쟁사와의 격차가 좁혀지지 않을 때 '붉은 여왕의 저주'에 갇혔다고 표현합니다. 하지만 비즈니스 세계에서 저주에 갇히는 일은 드뭅니다. 대부분 모방하는 기업은 선두기업을 빠르게 따라잡습니다. PC시장을 주도하던 IBM은 후발주자 휴렛팩커드와 델에게 따라잡혔고 휴렛과 델은 다시 애플에게 추월당했지요. 패스트 팔로어 성장의 대표적인 수혜자인 우리 대기업들은 다행히 붉은 여왕의 저주에 걸리지 않았습니다. 오히려 모방할 때보다 선두에 섰을 때, 즉 퍼스트 무버가 되었을 때 기업은 위험해집니다.

붉은 여왕의 저주는 비즈니스뿐만 아니라 사회에서 더 많이 나타납니다. 일류대학을 가기 위해 어릴 때부터 사교육을 받는 우리의 현실이 바로 붉은 여왕의 저주입니다. 모두가 명문대에 진학할 수 없고 모두가 대학에 갈 필요도 없습니다. 하지만 대한민국은 이 좁은 문을 향해 무한질주를 합니다. 이 길은 후발주자가 따라잡을 수 있을 만큼 역동적이지도 않습니다. 소득 수준 최상위와 최하위 계층의 사교육비 격차는 8.7배나 됩니다. 유아기부터 시작된 사교육비 격차는 지속적으로 누적되어 결국 대입에 반영되는 것이 오늘날의 대한민국 사회입니다.

대학 입시에 이렇게 목을 매는 이유는 어떤 대학을 나왔느냐에

우리의 교육 현실을 꼬집어 큰 인기를 끌었던 드라마 〈스카이캐슬〉의 한 장면.

따라 기대소득이 달라지기 때문이지요. 최근 특정 대학 출신을 뽑기 위해 지원자의 점수를 조작한 은행 채용비리가 단적인 예입니다. 그들은 지원자의 실력을 보지 않고 사교육에 투입된 돈을 본 것이나 다름없습니다. 사회가 이런 식으로 작동한다는 신호를 계속 보내니 대한민국이 사교육을 포기하지 못하는 겁니다. 만나는 사람들마다 사교육이 문제라고 얘기하지만 정작 '붉은 여왕의 길'에서 내려올 생각은 아무도 하지 못하는 것이지요.

한 해에 사교육비에 투입되는 돈만 20조 원 규모입니다. 우리나라 정부의 R&D 예산에 해당하는 돈이 오로지 '대학 입시'라는 하나의 목적에 흘러들어갑니다. 부동산과 마찬가지로 비효율적인 부문에 너무 많은 돈을 쏟아붓고 있습니다. 그렇다고 과거 전두환 시절처럼 사교육 금지라는 극약처방을 내릴 수도 없습니다. '사교육은 비효율'이라는 캠페인으로도 이 흐름을 바꾸기 어렵습니다.

경제사회노동위원회가 지난해 11월 프레스센터에서 발표한 자료에 따르면, 한국 대기업의 임금은 미국, 일본, 프랑스 등 선진국 대기업의 그것보다 최대 50%나 더 많습니다. 500명 이상 고용한 대기업 직원의 임금을 100으로 잡았을 때 우리나라 4인 이하, 10인 이하 중소기업의 임금은 각각 32.6과 48.3으로 조사되었습니다. 미국의 경우 78.8과 64.8로 집계되었고 일본은 65.1과 72.6, 프랑스는 58.8과 63.3입니다. 선진국 대기업과의 비교는 처음 나온 것이지요. 우리나라 대기업 직원들이 임금을 너무 많이 받는 걸까요? 아니면 중소기업 직원들이 너무 적게 받는 걸까요? 우리 경제가 어떻게 성장해왔는가를 알면 답은 하나입니다.

과도한 사교육 열풍에는 이런 경제논리가 숨어 있습니다. 공교육 정상화만으론 이 문제가 풀리지 않습니다. 입시 제도를 개선한다고 달라지지 않습니다. 교육시장에 경제논리가 끼어들었다면 경제로 풀어야 합니다. 양질의 중소기업을 많이 만들고, 대기업과 중소기업의 임금 격차와 대졸과 고졸 사이의 임금 격차를 줄여야 합니다. 대학 입학과 함께 경쟁이 끝나는 사회가 아니라 졸업 후에도 경쟁할 수 있는 사회를 만드는 것이 교육개혁의 시작입니다. 교육부총

구직 대신 창직하라

리를 했던 경험으로 말씀 드립니다. 우리나라 교육은 교육의 관점이 아니라 경제의 관점에서 바라보아야 문제점이 확연히 드러납니다. 사회의 불평등 구조를 혁신하면 교육관도 달라집니다.

4차 산업혁명 시대의 교육, 무엇을 지향해야 하는가

초·중등학교 경쟁력 1위, 세계 대학 경쟁력 1위의 핀란드는 '경쟁은 스포츠에서나 필요하지 교육에는 필요 없다'는 철학을 갖고 있습니다. 당연히 학교의 수준, 혹은 학생의 학업 성취도를 평가하기 위한 시험은 치르지 않습니다. 인간의 능력과 성취도는 획일화된 기준으로 평가할 수 없다는 이유에서입니다. 초등학교에서 대학까지 99%가 공립이며 책, 교통비, 식비, 학용품에 이르기까지 모두 무상입니다. 무상급식 때문에 나라 망한다며 서울시장이 나서는 바람에 찬반 투표까지 했던 우리로서는 경악할 수준의 복지가 아닐 수 없습니다. 고등학생은 나라에서 치르는 자격시험만 통과하면 어느 대학이나 지원할 수 있습니다. 대학 서열 같은 것도 존재하지 않습니다. 그럼에도 핀란드는 교육경쟁력이 세계 1위입니다.

2차 세계대전 당시만 해도 핀란드는 유럽 변방의 약소국이었습니다. 1960년대 핀란드의 교육 순위는 미국과 별 차이 없었지만 2000년대에 들어서면서 1위로 급부상합니다. 반면 미국은 29위로 떨어졌습니다. 참고로 사교육 시장에 국가 R&D 예산과 비슷한 규모의 돈을 쏟아붓고 있는 우리는 지난해 52위를 기록했습니다. 우리나라 교육의 비효율성은 국민 모두가 아는 데도 교육 시스템은 달라질 기미가 보이지 않습니다. 예컨대 제가 2006년 교육부총리로 재직했을 당시 사교육비 경감과 저소득층 교육기회 확대를 위해 추진한 '방과 후 학교'의 참여율이 지속적으로 떨어지고 있습니다. 정부가 바뀔 때마다, 장관이 교체될 때마다 정책의 일관성을 유지하지 못한 탓도 있지만, 소득이 늘어나는 순간 학부모들이 사교육으로 갈아타는 것도 주원인이라고 봅니다. 입시라는 트랙을 달리기 위해선 거기에 특화된 사교육을 받는 것이 유리하기 때문이지요.

잠시 옆길로 벗어나 다른 이야기를 하겠습니다. 1998년 아시아인 최초로 노벨경제학상을 받은 인도 출신의 아마르티아 센은 교육 불평등을 경제학자답게 이렇게 표현했습니다. "가난해서 교육을 못 받는다는 것은 빈곤의 문제로 그치는 것이 아니다. 그 아이로부터 미래수익을 창출할 수 있는 잠재능력을 빼앗는 것이다." 그는 개개인의 잠재능력이 최대한 발현될 수 있도록 하는 것이 교육의 목표가 되어야 하고 교육복지만이 그것을 가능하게 한다고 보았습니다. 교육비가 무료인 독일과 핀란드는 교육복지 국가입니다. 이윤으로 움직이는 사교육 시장이 존재하는 우리나라는 교육복지 국가가 아닙니다. 독일과 핀란드는 4차 산업혁명을 가장 잘 준비하는 나라로 꼽힙니다. 복지가 나라 경제의 발목을 잡는다면 이런 평가는 있을 수 없겠지요. 교육에 대해, 복지에 대해, 그리고 포용에 대해 진지하게 생각해야 할 때입니다.

4차 산업혁명 시대, 공교육이 유리하다

다행이라면 4차 산업혁명의 격랑을 헤쳐나가는 데는 공교육이 유리하다는 겁니다. 그동안 사교육과의 경쟁에서 공교육이 패했던 이유는 교육 시스템이 2차 산업혁명 시대의 대량생산형 교육에 바탕을 두었기 때문입니다. 단순 지식의 반복과 암기를 바탕으로 누가 정답을 많이 아는가를 겨루는 커트라인식 교육이었습니다. 60명이 넘는 학생들을 한 교실에서 몰아넣고 다수의 불량품을 가려내고 소수의 우량품을 선발하는, 공장식 교육이었습니다. 따라서 많이 외우고 규칙에 따라 빨리 정답을 도출하는 인재가 경제성장의 과실에 가장 먼저 접근할 수 있었지요. 인공지능이 등장한 지금 이런 능력은 더 이상 뛰어난 자질이 아닙니다.

혁신 성장의 무한 에너지 – 교육혁신, 사회혁신

압축 성장을 해야 했던 우리는 선진국을 따라잡기 위해 삼각형 내각의 합은 180도, 원주율 값 $\pi = 3.14$를 외우고 시작했습니다. 그런 다음 '원의 넓이 = 반지름 × 반지름 × 3.14' 공식으로 넘어갔습니다. 왜 그런 답이 나오는지 의문을 가질 겨를은 없었습니다. 하지만 선진국은 먼저 가르쳐주고 시작하지 않습니다. 왜 그런 답이 나오는지 스스로 생각하고 도출해야 합니다. 토론하고 협동하며 각자 아이디어를 내는 과정을 통해 답을 찾아갑니다. 수학시간이지만 색종이와 가위가 필요하고 원통과 실이 동원되기도 합니다. 외우지 않고 스스로 찾아야 하니까요.

4차 산업혁명 시대가 기다리는 인재는 이 과정에서 나옵니다. 세상에 없던 새로운 방법을 생각해내는 상상력과 창의성, 서로 다른 종류의 것들을 녹여 전에 없던 길을 만드는 융합 능력, 토론을 통해 다른 생각을 조율하는 의사소통 역량, 타인의 감정에 공감하고 그에 대해 이성적으로 반응할 수 있는 배려심, 아름다움이 무엇인지 알아볼 수 있는 심미안, 기존의 관습에 의문을 제기하는 비판적 사고가 인간만의 고유한 능력입니다. 이렇게 컴퓨터가 할 수 없는 것, 인공지능이 넘볼 수 없는 인간만의 영역에서 인재가 나옵니다. 이제는 낙오자를 배제한 채 진도를 나갈 수 없습니다. 그러자면 느리게 갈 수밖에 없습니다. 선행학습과 효율을 중시하는 사교육은 애초에 발을 붙일 수가 없습니다. 변화는 이미 시작되었습니다. 2015

년 창의융합형 인재를 길러내기 위해 교육과정이 개편되었고 2018년 고등학교 1학년이 된 학생들은 문·이과 통합교육을 받기 시작했습니다. 대한민국은 획일화된 정답 맞추기식 교육에서 벗어나는 중입니다. 앞으로는 느리지만 함께 가는 공교육에서 인재가 나옵니다. 이 교육 혁신이 성공해야 대한민국의 미래가 열립니다.

대학과 기업이 바뀌어야
나라가 산다

실리콘밸리의 토대가 된 스탠포드대학은 졸업생, 재학생, 교수들이 창업한 회사의 수가 4만여 개에 이르고 이들이 올리는 연 매출액이 2조 7,000억 달러라고 합니다. 이는 세계 11위에 해당하는 우리나라 GDP의 약 두 배에 달하는 규모입니다. 상위 대학일수록 스타트업에 대한 관심이 높고 지원도 많습니다. 예컨대 세계 최초의 가정용 로봇청소기 룸바는 MIT 인공지능연구소에 몸담고 있던 로드니 브룩스 교수의 작품입니다. 그는 MIT대학에서 벤처기업 아이로봇을 시작했습니다. 미국의 상위 대학은 기업가형 대학으로 연구 성과를 사업화해 경제적 독립성을 확보하고 연구 및 운영의 방향성을 자율적으로 결정합니다. 이들은 교수와 학생들의 기업가적 활동을 장려합니다.

반면 우리나라 대학은 학원형 대학에 가깝습니다. 점잖게 말해 교육과 연구에만 전념한다고 할 수 있지만 학생들의 등록금을 올리는 것이 목표입니다. 학생들의 관심을 끌 만한 학과 개설에 너도나도 열을 올리다 보니 전문대학의 영역까지 침범하는 사례가 빈발합니다. 등록금은 미국 다음으로 비싸지만 경쟁력은 60개국 중 52위에 불과합니다. 대학의 역할에 대해 고민할 때가 왔습니다. 기업에 고급 인력을 공급하는 전통적 소임에서 벗어나 기업가형 인재를 육성해 직접 일자리를 만들어내는 대학으로 진화할 때입니다.

기업가형 대학이 되기 위해선 연구업적 평가 방식도 바꾸어야 합니다. 우리나라 대학은 교수들의 업적을 정량평가합니다. 과학기술논문 색인지수SCI, Science Citation Index를 중시하고 논문 발표 숫자를 중심으로 점수를 매깁니다. 정성평가, 즉 편수가 적어도 어떤 것이 더 중요한 논문임을 가리는 평가가 아닙니다. 평가자의 권위와 객관성을 믿지 못하기 때문이지요. 이러니 실패할 가능성이 높은 어려운 연구에 도전하는 연구자가 드뭅니다. 결과가 나오지 않는 실험에 고집스럽게 도전하는 연구자도 드뭅니다. 한 편으로 쓸 수 있는 논문을 여러 개로 쪼개어 발표하는 일도 다반사입니다. 앞에서 신뢰자본의 중요성을 언급했던 것은 이 때문입니다. 이 비효율성과 연구의 후진성을 극복하기 위해선 대학 스스로 잘못된 문화를 개선해야 합니다. 대학의 혁신이 필요한 시점입니다.

기업도 변해야 합니다. 육아휴직을 꺼려하고 임신이 경력 단절로 이어지는 사내 문화를 바꿔야 합니다. 진공 속에 기업이 존재하는 게 아닙니다. 생산한 물건을 소비할 수 있는 인구가 없으면 기업도 존재하지 못합니다. 여성 노동력을 꺼려하는 시대에 뒤떨어진 리더십을 버리고 새로운 리더십으로 태어나야 합니다. 페이스북, 구글, 애플은 능력이 없으면 견뎌내기 어려운 회사이지만 동시에 놀랄 만큼 가족친화적인 기업입니다. 이들은 출산한 여사원에게 22주간의 유급휴가와 분유, 기저귀 등의 육아용품을 지원합니다. 셰릴 샌드버그는 페이스북으로 자리를 옮긴 이유를 이렇게 말했습니다. "페이스북은 놀랄 만큼 가족친화적입니다. 아이들에게는 천국이지요. 피자와 캔디 그리고 엄청난 레고 블록과 장난감이 있습니다. 회사로 아이들을 데려갈 수 있다는 건 행복한 일이에요. 아이들도 마찬가지죠."

기업은 근로자들에게 저녁이 있는 삶, 가족과 함께할 수 있는 주말, 연인과 느긋한 오후를 보낼 수 있는 시간을 제공할 수 있어야 합니다. 장시간 근로로 생산성을 높이는 방식은 4차 산업혁명의 파도를 넘어야 하는 우리에게 맞지 않습니다. 가장 짧은 노동시간으로도 생산의 효율성이 높은 독일의 사례를 기업 문화에 적용시킬 수 있어야 합니다. 일과 가정이 함께할 때 생산성이 올라가고, 개인적인 만족도가 높아야 직업 만족도도 높아집니다. 러셀의 말처럼 창의성은 여가에서 비롯됩니다. 기업문화가 바뀌어야 대한민국의 미래가 열립니다.

신생기업은
이미 바뀌고 있다

신생기업의 탄생은 일자리 창출의 의미도 있지만 새로운 기업문화의 탄생이기도 합니다. 미국의 경우 2003년 엔론의 회계부정과 월드콤의 파산, 2008년 금융위기를 목격하고 자란 젊은 세대들이 잭 웰치로 대표되는 낡은 시대의 리더상을 버리고 수평적, 환경 친화적, 일과 삶의 균형, 지속가능한 성장을 도모하는 새로운 리더상을 제시하고 있습니다. 예컨대 신장투석전문기업 **다비타**Davita의 켄트 시리는 스스로를 CEO가 아니라 시장市長이라고 표현합니다. "CEO가 이익을 우선한다면 시장은 공공의 선과 복지를 우선합니다." 화합과 소통을 강조하는 다비타의 기업문화는 유머러스하고 수평적인 것으로 유명합니다. 여기에는 그럴 만한 이유가 있습니다. 다비타의 직원들은 12시간 이상 신장 투석을 해야 하는 환자들을 대합니다. 이 환자들의 사망률은 20퍼센트나 됩니다. 그래서 직원들에게 활기를 불어넣기 위해 날짜를 정해 다양한 캐릭터 복장을 입고 근무할 수 있도록 하는 것입니다. "밖에서 보면 우스꽝스럽지요. 신입사원들도 저질이라고 생각해요. 하지만 다른 기업들의 문화가 딱딱할 뿐입니다. 우리가 직장에서 얼마나 많은 시간을 보내는지 생각해 보셨나요? 그 시간이 즐겁고 재미있다면 더 좋지 않겠습니까?" 모든 기업이 똑같아야 할 필요는 없다는 것이 그의 지론이지요. 1999년 파산 직전에 있던 이 기업은 새로운 리더 켄트 시리가 오면서 미국에서 최고의 의료서비스를 제공하는 기업으로 성장했습니다. 매년 〈포춘〉이 선정하는 '세계에서 가장 존경받는 기업' 순위에서 밀려난 적이 없습니다.

우리도 생소하지만 바람직한 기업이 등장했습니다. 2007년 벤처로 지정된 **서울F&B**의 경우 직원들 모두 아이보리 색상의 유니폼을 입고 근무합니다. 유가공 전문업체이기에 이 유니폼은 회사의 정체성이라고 할 수 있습니다. 때가 탈 염려가 많지만 조심스럽게 일할 필요는 없습니다. 직영으로 운영되는 세탁소가 회사 안에 있습니다. 세탁물이 많이 나올 테니 비용절감 차원에서 유리하겠지요. 하지만 서울F&B의 목적은 그것이 아니랍니다. 정년퇴직한 직원들을 채용해 퇴직 후 새로운 일자리를 제공하는 것이 목적입니다. 회사를 이끄는 오덕근 대표는 이들을 정규직으로 채용하고 본사 직원들과 동일한 임금을 지급합니다.

서울 F&B는 기업의 성과를 근로자와 나누어 함께 성장하는 기업이다.

복지도 대한민국 중소기업이 맞나 싶을 정도로 훌륭합니다. 회사 바로 옆에 직영 어린이집을 운영합니다. 어린이집 교직원 역시 서울F&B의 정직원입니다. 뿐만 아니라 셋째까지 사내 출산장려금(첫째 50만원, 둘째는 500만원, 셋째는 1500만원)을 지급합니다. 직원 자녀의 장학금뿐만 아니라 직원 본인이 대학이나 대학원에 진학했을 때도 학자금을 지원합니다. 복지를 경영의 최우선 과제로 생각하는 이 회사의 생산성이 얼마나 높을지는 짐작이 가실 겁니다. 매년 25%씩 성장합니다. 보기 드문 노사문화를 이룩한 공로로 이 기업은 2018년 국무총리 표창을 받았습니다. 2019년엔 대한민국 최고경영대상 '가족친화경영부문'을 수상했습니다.

구직 대신 창직하라

창업하기 좋은 환경을 만들어야 하는 이유이기도 합니다. 일하기 좋은 나라, 기업하기 좋은 나라가 대한민국이 가야할 미래입니다.

왜 미국에만 있나? 비노드 코슬라와 구글

스타트업으로 시작해 세계적인 기업으로 성장하는 일이 왜 유독 미국에서만 빈번히 일어나는 걸까요? 애플, 구글, 아마존, 마이크로소프트가 그렇고 기업 가치 100억 달러 이상이면서 아직 IPO를 하지 않은 **스페이스X**(우주개발), **플랜티르 테크놀로지**(빅데이터 분석), **위워크**(사무공간 공유), **핀터레스트**(이미지 공유 검색), **드롭박스**(파일 공유) 그리고 우버와 에이비앤비 등 수많은 데카콘들이 가능성을 엿보고 있는 곳이 미국입니다. 이들 중 누군가는 앞으로 10년 안에 코카콜라만큼이나 익숙한 기업이 될 수도 있습니다. 아니면 전혀 의외의 기업이 등장할 수도 있겠지요. 그저 부럽기만 합니다. 그런데 여기서 멈추지 않고 지난해 1,300억 달러(한화로 약 147조 원)가 8,948개의 스타트업에 투자가 되었다고 합니다. 투입되는 자본의 양으로는 설명할 수 없는 무언가가 있습니다.

"오랫동안 서툰 실수를 연발하면서도 결코 포기해서는 안 된다고

혁신 성장의 무한 에너지 - 교육혁신, 사회혁신

믿는다. 그러다 보면 언젠가는 성공이 찾아오기 마련이다. 왜냐하면 실패할 가능성이 있는 모든 방법을 시도하고 난 뒤에 남는 것은 성공할 길밖에 없기 때문이다. 기업가 입장에서 보면, 그것은 항상 가장 마지막에 찾아오는 듯하다. 그러나 일단 그때가 되면 모든 게 명백해진다."

에디슨을 떠올리게 합니다. 썬마이크로시스템의 공동창업자 비노드 코슬라가 한 말입니다. 실패는 미국 벤처기업의 정신입니다. '성공은 문젯거리를 덮는다', '가능한 빨리 실패하고 실패에서 답을 찾으라'로 표현되는 벤처정신은 말로만 그치지 않습니다. 실제로 미국의 기업은 창업에 실패한 경험이 있는 구직자에게 가산점을 줍니다. 스펙과 학벌을 우선시하는 우리나라와는 다른 문화이지요. 앞에서도 언급되었듯 실패에도 도전을 멈추지 않는 것이 중요한 포인트입니다. 또 다른 요인은 코슬라가 관련된 에피소드에서 찾을 수 있습니다.

'실리콘밸리의 마이다스'로 불리는 그는 1999년 인터넷 검색 업체 익사이트Excite에 작은 스타트업 하나를 빨리 인수하라고 두 번이나 권했습니다. 1996년 나스닥에 상장하며 성공신화를 쓰고 있던 익사이트 경영진들은 코슬라의 권고를 두 번 다 거절합니다. 그도 그럴 것이 그 스타트업은 디지털 도서관 프로젝트의 협력업체로서 온라인 도서관 검색 결과에 우선순위를 부여하는 작업에 몰두하던

구직 대신 창직하라

기업이었습니다. 경영진들은 기대 수익을 계산한 끝에 인수가치가 없다고 판단했습니다. 이 사례는 미국 벤처생태계가 첫손에 꼽는 인수 실패 사례입니다. 그 스타트업은 구글이었습니다.

구글의 창업자 래리 페이지와 세르게이 브린이 처음부터 사업을 거창하게 시작했던 것은 아닙니다. 가장 빠른 성장률을 기록하는 거대한 기업을 만들겠다는 생각도 없었고 웹 정보 탐색 방식에 일대 혁신을 일으키려고 했던 것도 아니었습니다. 도서관 프로젝트를 해결하기 위해 다양한 가능성을 모색하다 우연히 획기적인 발견을 한 것뿐이었습니다. 검색결과에 우선순위를 부여하는 최적의 방법은 특정 문헌이 다른 문헌에서 얼마나 많이 인용되는지를 측정하면 된다는 것이었지요. 학계에서 특정 논문이 다른 논문에 얼마나 자주 인용되느냐에 따라 그 연구의 가치가 결정되는 것과 비슷한 방식입니다. 이것이 바로 웹 사이트의 중요도를 평가하는 페이지랭크 PageRank 알고리즘의 핵심입니다. 미국의 벤처 창업가들은 눈앞의 작은 문제를 해결하며 아이디어를 발전시키는 특징이 있습니다. 이것이 두 번째 요인이라고 생각됩니다. 일찍이 이를 알아본 코슬라도 대단한 사람입니다.

왜 미국에만 있나?
잡스와 픽사

세 번째 요인은 잡스가 관련된 이야기에서 찾을 수 있습니다. 애플에서 쫓겨난 그는 새로운 일을 찾고 있었습니다. 그때 한 공학자로부터 매물로 나온 벤처기업에 대해 듣게 됩니다. 영화감독 조지 루카스가 만든 사내 벤처였는데 의료기관에 고성능 그래픽 디자인 컴퓨터를 판매하는 하드웨어 업체였습니다. 1986년 잡스는 이 기업을 500만 달러에 사들입니다. 원래는 3,000만 달러에 매물로 나왔는데 아무도 인수하려고 하지 않아서 루카스는 그 벤처 회사를 잡스에게 넘깁니다.

그래픽 디자인용 컴퓨터를 한 대도 팔지 못한 벤처였지만 잡스는 이 회사의 기술에 매료됐습니다. 이 회사가 바로 컴퓨터 애니메이션으로 유명한 픽사입니다. 애니메이션의 가능성을 알아보고 인수한 것은 아닙니다. 디지털 이미징 기술에 매료된 잡스는 이 기술을 발전시켜 애플에서처럼 하드웨어 사업을 하려고 했습니다. 그런데 기술력을 보여주기 위해선 애니메이션 제작이 필요하다는 의견이 나옵니다. 컴퓨터 애니메이션이라는 개념이 존재하지도 않던 시절이라 수익을 기대할 수는 없고 손실만 예상되는 상황이었지요. 실제로 최초의 장편 애니메이션을 만들어내기까지 애니메이션 제작

부는 '돈 먹는 하마'였습니다. 그럼
에도 잡스는 애니메이션 제작팀을
유지했습니다. 완벽주의자였던 그
는 하드웨어의 우수성을 증명할 수
있고 회사가 감당할 수 있는 손실이
라면 결과가 나올 때까지 기다리겠
다는 태도를 보입니다. 잡스에게는
행운도 따랐습니다. 픽사에는 처음
부터 애니메이션 제작에 미쳐 있던
존 래시터라는 괴짜가 있었던 것이
죠. 루카스필름에 있을 당시 찬밥이

최초의 풀 3D 애니메이션으로 엄청난
성공을 거둔 상징적인 작품이다.

었던 그는 잡스의 지원 아래 점점 더 정교한 기술을 개발해 나갑니
다. 기술력과 이야기 전개 노하우가 쌓이면서 픽사는 마침내 손으
로 원화를 그리지 않고 컴퓨터그래픽으로만 만든 애니메이션 〈토이
스토리〉(1995)를 내놓습니다. 하드웨어 판매를 목적으로 했던 기업
이 엔터테인먼트 기업으로 완전히 탈바꿈한 것입니다. 잡스가 당장
의 이익에만 급급했다면 오늘날의 픽사는 없었겠지요.

마지막 요인은 잡스가 관련된 또 다른 이야기에서 찾을 수 있습
니다. 잡스가 애플에서 쫓겨나기 전의 이야기입니다. IBM이 PC시
장을 장악하면서 애플은 경영난에 빠집니다. 곧 출시될 매킨토시를

성공으로 이끌기 위해선 뛰어난 리더가 필요했지요. 애플이 끌어오고 싶었던 인물은 펩시의 CEO 존 스컬리였습니다. 잡스가 여러모로 공을 들였지만 쉬운 인물은 아니었습니다.

평생 설탕물만 팔면서 살고 싶으십니까? 아니면 저와 함께 세상을 바꾸시겠습니까?

잡스가 자기보다 열여섯이나 많은 존 스컬리에게 던진 말입니다. 서른 살에 부사장에 오르고 최연소 CEO가 되었으며 처음으로 매출과 영업이익에서 코카콜라를 앞지른 마케팅의 천재 스컬리는 이 한마디에 거액 연봉을 포기하고 벤처 딱지를 뗀 지 겨우 4년밖에 안 된 애플로 자리를 옮깁니다. 이해가 되시나요? 글로벌 대기업 사장 자리를 내던지고 아직 알려지지도 않은 중소기업으로 간 겁니다. 모욕적인 말이었지만 스컬리는 이 말에 창업가 정신이 꿈틀거렸다고 합니다. 식품기업에서 IT기업을 운영하기 위해 엄청난 공부를 한 스컬리는 맥킨토시를 성공시키고 아이폰의 시초가 된 뉴턴 메시지 패드까지 개발해 스마트폰의 아버지로 불리게 됩니다. 하지만 그는 독선적이고 오만한 경영으로 애플의 생존을 위협한다는 이유로 창업주 잡스를 쫓아낸 일로 더 유명합니다. 우리나라에서는 상상할 수 없는 일이지만 미국은 결코 기업을 창업자 개인의 소유물로 여기지 않기 때문에 이런 일이 충분히 가능합니다.

위의 네 가지 이야기를 거꾸로 뒤집으면 대한민국 벤처 생태계와 기업문화의 문제점이 고스란히 드러납니다. 우리는 실패에 너그럽지 않고 작은 성과를 무시하며 눈앞의 이익에 집착합니다. 스컬리와 같은 도전 정신을 가진 기업인도 부족하지만 더 큰 문제는 기업과 오너를 분리해서 생각하지 않는다는 점입니다. 비즈니스 평론가들은 잡스가 애플에 계속 남아 있었다면 스티브 잡스의 신화는 없었을 것이라고 합니다. 애플도 1980년대에 사라졌을 것이라고 평합니다. 쫓겨났던 잡스는 리더로서의 자질을 다시 배우고 다른 사람이 되어 돌아오지요. 오너와 기업을 동일시하는 우리 문화가 어떤 약점을 갖고 있는지 생각해봐야 할 때입니다.

실패를 용인하고 실패에 가산점을 줄 수 있는 문화, 작은 일에 최선을 다하고 그것을 장려하는 사회, 눈앞의 이익을 쫓지 않고 멀리 내다볼 수 있는 기업가적 안목이 필요합니다. 처음부터 위대하면서도 혁신적인 발상은 드뭅니다. 작은 차이가 뛰어넘을 수 없는 격차를 만듭니다.

혁신 성장의 무한 에너지 - 교육혁신, 사회혁신

권한 위임과 자유로운 이직문화, 실리콘밸리라는 생태계

실리콘밸리는 하이테크 기업들이 움직이는 곳인 만큼 기업문화가 제조업 기반의 일반 기업과는 많이 다릅니다. 인텔에서 10년을 근무하고 현재 SV이노베이션센터에서 일하고 있는 유웅환 센터장은 실리콘밸리 기업들은 '혁신'이라는 말을 입에 올리지도 않는다고 말합니다. 원래 하는 일이 그것이기 때문이지요. 정작 실리콘밸리를 방문하는 외부인들만 그곳에선 당연시하는 혁신을 보고 오는 셈입니다. 수평적인 조직문화는 많이 알려져 있으니 여기서는 두 가지만 언급할까 합니다.

유웅환 센터장이 2001년 인텔에 입사할 당시의 이야기입니다. 하루 종일 일곱 명의 매니저와 면접을 했는데 모두 반도체 전문가들이었습니다. 저녁을 겸한 마지막 인터뷰에서 최종 면접관이 6장의 평가서를 훑어보고 계약조건을 얘기합니다. 고용 보너스 12만 달러, 이주비 4만 달러, 그리고 8천 주의 주식을 주겠다는 것입니다. 주식은 상위 1% 직원에게만 주는 특별주였습니다. 그렇게 빨리 의사 결정이 이루어지는 것도 놀라웠고 예상치 못한 금액에도 놀랐지만 더 놀라운 일은 출근 첫날 일어납니다. 반도체를 설계할 때 부딪치는 신호 무결성 문제를 해결한 IBIS모델의 창시자 알파드 무라

니가 자신보다 한 단계 낮은 직급이었다는 것입니다.

"반도체하는 사람이면 누구나 아는 알파드 무라니보다 높은 직급을 받았습니다. 박사학위를 밟으며 발표한 50여 편의 논문이 판단 근거였지만 사회 초년생에게 차장급 직위를 준 겁니다. 우리나라였으면 인사 참사였을 겁니다."

유웅환 센터장은 이를 두고 실리콘밸리의 '권한위임Empowering' 문화의 한 단면이라고 합니다. '권한위임'은 현장 실무자에게 권한을 위임하고 그의 판단을 존중한다는 뜻합니다. 권한위임이 빠른 인사 조치와 인재 확보를 위해 있는 것은 아닙니다. 아무리 뛰어난 창업자나 엔지니어라도 모든 영역에서 탁월할 수 없습니다. 여러 영역에 석사급 이상의 전문가들이 있으며 이들의 전문성과 잠재력을 이끌어내기 위해선 위에서 지시 내리고 관리하는 것이 아니라 개인이 스스로 판단하고 결정하는 것이 훨씬 효율적이기에 권한을 위임하는 것입니다. "실리콘밸리의 리더들은 자율적이고 능동적인 창의성을 이끌어내기 위해 권한을 개개인에게 위임합니다. 대신 끊임없이 모니터링하면서 필요한 지원을 하고 실패했을 때는 리더가 책임을 집니다. 혁신의 주체는 사람이고 결국 사람이 능동적으로 움직여야만 혁신할 수 있기 때문입니다."

실리콘밸리는 신입에게도 독자적인 판단의 권한이 주어지고 조직은 철저히 그 판단을 따릅니다. 아는 것이 가장 적은 신입사원이 독자적인 판단을 내리기 위해선 정보공유와 활발한 상호소통은 필수이겠지요. 수평적 조직문화가 그냥 만들어지는 것은 아닙니다.

또 다른 문화는 이직입니다. 이직이 자유롭습니다. 매각과 M&A가 워낙에 많아 본인 의지와 상관없는 이직도 일어나지만 회사가 마음에 들지 않아서 떠나는 사람도 많습니다. 유웅환 센터장은 그들을 회사에 대한 충성도가 약한 사람이라고 생각했답니다. 하지만 곧 자유로운 이직이 묘한 선순환 구조를 만든다는 것을 알게 됩니다. 첫째는 서로 다른 관심사와 재능을 가진 사람이 모였다 흩어지면서 정보와 아이디어 또한 사람들을 따라 모였다 흩어지는 과정을 반복하며 혁신의 바탕이 된다는 것입니다. 둘째는 인재를 붙잡기 위해서 기업이 노동환경과 복지, 처우에 신경을 쓰지 않을 수 없다는 점입니다. 해가 갈수록 실리콘밸리의 기업문화가 상향평준화될 수밖에 없는 것이지요.

고용안정을 우선하는 일반 기업에 적용할 수는 없지만 벤처 생태계는 이렇듯 전혀 다른 논리로 움직입니다. 정부가 직접 선수로 뛰어들지 않고 시장에게 맡기려는 이유도 여기에 있습니다. 자율적이고 능동적인 창의성을 이끌어내기 위해선 시장이 움직여야 합니다. 그 과정에서 끊임없이 모니터링하며 필요한 지원은 하고 불필요한 규제는 풀어주는 것이 정부의 역할입니다. 기업의 실패가 구성원의 실패로 이어지지 않게끔 하는 것이 정부의 역할입니다.

구직에서 창직으로,
자기혁신의 시대

우리나라 고용의 중심축이 대기업에서 중소벤처기업으로 이동하고 있습니다. 대표적인 예가 **넷마블**과 **배달의민족**입니다. 2000년에 창업한 게임 포털업체 넷마블은 2018년 1,300명, 8년 전 4명으로 시작한 벤처 배달의민족은 같은 해 400명을 채용했습니다. 덩치로 볼 때 SK하이닉스 1,000명, KT 550명, 포스코 1,500명과 비교해도 부족함이 없습니다. 신생 벤처기업에 종사하는 사람의 숫자는 해마다 늘어나고 있습니다. 2016년 기준으로 76만 4,000여 명에 달합니다. 이는 삼성, 현대, SK, LG, 롯데, 포스코 6대 대기업에 종사하는 사람의 숫자와 맞먹습니다. 성공한 벤처기업이 일자리 창출에 어떤 역할을 하는지를 보여주는 예입니다. 게다가 연봉도 대기업에 근접해 있습니다.

미래학자들은 앞으로는 거대 기업이 나타나지 않을 것으로 내다봅니다. 과거 산업시대에는 생산요소를 많이 소유할수록 유리했지만 미래는 기업의 탄생과 성장에 생산요소가 중요하지 않기 때문이지요. 생산요소란 제화나 서비스를 생산하는 데 투입되는 경제 자원으로 기계, 토지, 건물과 같은 것을 말합니다. 대량으로 생산할수록 원가가 낮아지기 때문에 기업들은 한 곳에 기계와 인력을 집중시켰습니다. 당연히 기업은 거대해지지요. 하지만 4차 산업혁명 시대에는 생산요소가 상대적으로 중요하지 않습니다. 컴퓨터와 실시간으로 연결된 인터넷이 수많은 조직과 생산자를 대신할 수 있기 때문입니다.

값싼 노동력을 찾아 중국, 베트남에 공장을 짓던 아디다스가 2018년 독일과 미국으로 생산기지를 이전했습니다. 3D프린터와 로봇 기술을 활용한 스마트 팩토리Smart Factory를 통해 생산에 투입되는 비용을 절감할 수 있었기 때문입니다. 인터넷으로 신발 끈부터, 깔창, 뒷굽, 색상까지 수백만 가지 옵션을 제공하고 소비자가 원하는 것을 선택하면 5시간 만에 제품을 생산해 일주일 안에 고객에게 배송합니다. 신제품이 매장에 진열되기까지 통상 1년 6개월이 걸리던 과정이 10일로 단축했습니다. 이제 다품종 소량 생산으로도 이윤을 얻을 수 있는 시대가 된 것이지요.

신기술은 기존 기업에게만 유리한 것이 아닙니다. 1인기업, 2인기업의 출현을 용이하게 만듭니다. 이미 모바일 앱 개발자들은 집에서 컴퓨터 한 대로 제품을 만들어내고 있고 3D프린팅 기술은 제조업에도 이와 같은 혁신을 불러올 수 있습니다. 200만 원대 3D프린터로 숙련기술자만큼의 정밀도를 낼 수 있는 시대입니다. 제품과 서비스를 개발하려는 1~2인기업을 지원하기 위해 3D프린터, 슈퍼컴퓨터, 각종 하이테크 설비를 갖춘 메이커센터도 있습니다. 아이디어만 있다면 누구나 제조 수단에 접근할 수 있는 길이 열린 것이지요.

2015년에 출생한 아기들의 기대수명은 150세입니다. 이 아이들이 사회에 진출할 때 일자리가 어떻게 변할지는 학자들마다 예상이 다릅니다. 다만 익숙한 일자리는 사라지고 새로운 일자리가 출현할 것이라는 건 불을 보듯 뻔하겠지요. 미래학자 토머스 프레이는 "20억 개의 일자리가 사라지겠지만 미래 일자리 중 60%는 아직 만들어지지도 않았다"라며 하나의 직업을 갖고 은퇴하는 시대는 지났다고 이야기합니다. 평생고용의 시대는 저물고 개인의 전문성을 바탕으로 한 자기고용의 시대가 열린다고 합니다. 그리고 한 사람이 평생 대여섯 개의 직업을 갖게 될 것으로 내다보고 있습니다. 길어진 수명만큼 한 평생 공무원으로 근무하다 은퇴 후 연금으로 노후를 보내는 시대는 아니라는 것이지요.

'어디서 일할 것인가'가 아니라 '무엇을 하고 살 것인가' 하는 물음을 던져야 할 전환점에 와 있습니다. 변화는 이미 시작되었습니다. 이 변화에 능동적으로 대처해야 합니다. '구직'하겠다는 자세가 아니라 '창직'하겠다는 자세가 필요합니다. 시대는 적극적으로 시도하고 성취하는 창업가 정신을 우리에게 요구하고 있습니다. 끊임없는 자기계발과 혁신만이 변화를 주도할 수 있습니다. 창업에 적극적으로 나서는 인재가 많은 나라가 4차 산업혁명을 주도할 수 있습니다.

동반성장의 또 다른 축,
노조도 변해야 한다

1987년 민주항쟁 이후 노동운동 세력은 서서히 경제 주체로서 자신의 지위를 인정을 받게 됩니다. 1998년 김대중 대통령 당선자가 제안해 설립된 노사정위원회는 대한민국이 노동세력의 위상을 인정했음을 알린 역사적인 사건이었지요. 노사정위원회는 국난이라고 불렀던 외환위기 극복 과정에서 경제 주체들 사이의 고통 분담과 노동계와의 신뢰를 회복하기 위해 만들었습니다. 법률적으로 대통령자문기구지만 다른 자문기구와 달리 양대 노총과 경총, 전경련 회장, 공익 대표, 재정경제부·노동부·기획예산처 등 5개 부처 장관이 함께합니다. 노사정위원회는 노동계를 배제했던 개발독재 시대의 방식이 아니라 주체들 간의 대화와 타협, 그리고 합의를 존중하려는 제3자 협의기구입니다.

이 노사정위원회는 2018년 경제사회노동위원회로 이름을 바꾸어 사회적 대화 범위를 확대했습니다. 여성과 남성, 비정규직, 소상공인 대표까지 참여의 폭을 넓혔지요. 포용 정책의 일환이면서 사회구성원 하나하나를 소홀히 하지 않겠다는 문재인 정부의 정책과 의지가 담긴 확대개편입니다. 모든 경제주체들이 모여 대화와 타협, 그리고 합의에 이르기 위해선 누군가는 양보를 해야 하고 또 누군가는 기다릴 줄 아는 지혜가 필요합니다. 이 과정이 매번 순조로울 수는 없지만 의외의 험로가 생겼습니다. 광주형 일자리를 둘러싼 민주노총의 거센 반대입니다.

광주형 일자리는 고임금 때문에 해외로 생산기지를 옮겼던 독일 폭스바겐과 미국의 GM의 사례를 모델로 한 것입니다. 고임금으로 경쟁력이 떨어진 선진국에서도 제조업 고용을 창출할 수 있음을 증명하고자 노조와 사측의 합의에 의해 만들어졌습니다. 기존 생산라인의 노동자들보다 임금은 20% 적지만 노동시간 단축, 개인 성과급 및 팀 성과급으로 낮아진 임금을 보전하는 모델이지요. 기존 기업이 주주가치를 극대화한다면 이 모델은 노조의 경영참여를 보장함으로써 고용안정과 더불어 상호이익 실현을 목적으로 합니다. 때문에 투자자와 소유자만이 지배구조에서 결정적 지위를 갖는 주주기업Shareholder이 아니라 모든 이해 당사자들의 다면적 목적을 추구하는 이해관계자기업Stakeholder으로 불립니다.

광주형 일자리는 기존 완성차 노조가 받는 연봉의 반값에 지자체 광주가 주거, 보육, 의료 등의 복지를 지원하는 방식입니다. 이것이 성공하면 제2, 제3의 광주형 일자리가 생길 수 있어 상생형 일자리로 기대를 모았어요. 그런데 민주노총과 기존의 완성차 노조가 이 일자리를 반대합니다. 소득불평등으로 성장을 촉진하는 정책, 반값 연봉으로 전체 임금의 하향화를 유도하는 친재벌 정책이라고 파업을 예고하고 있습니다. 광주형 일자리에 협력했다는 이유로 기아차 광주지회장도 제명했습니다. 안정적 일자리를 만들겠다는데 도대체 누구의 임금이 하락한다는 걸까요?

함께 사회적 연대를 고민하자

자동차 업계에서 벌어진 일이니 다른 자동차 제조업체 노조와 직접 비교하도록 하지요. 현대기아차 노조원들의 평균 연봉은 9,500만 원입니다. 시장가치가 현대보다 앞서는 일본 도요타가 약 9,200만 원이라는 것과 비교하면 얼마나 많이 받는지를 확연히 알 수 있습니다. 물론 노조원들은 이 단순 비교를 억울해할 겁니다. 그들이 고액 연봉을 받아가는 구조를 들여다보면 그렇기도 합니다. 본봉이라고 부르는 고정급의 비율은 낮고 시간외 근무(잔업 및 특근) 수당과 성과급으로 구성되는 변동급의 비율이 높기 때문입니다. 소득을 유지하기 위해선 장시간 근무를 해야 하고 현대차의 수익이 떨어지면 연봉도 떨어지도록 설계되어 있으니까요.

저임금, 장시간 노동의 개발독재 시대 임금 구조가 그대로 반영되어 있는데 사실 노조도 여기에 한몫했습니다. 단체행동을 통해,

인상하기 어려운 본봉보다 상대적으로 인상하기 쉬운 변동급만 올렸기 때문입니다. 대기업뿐만 아니라 우리나라 모든 기업의 임금 구조가 이런 식입니다. 정부가 노동시간을 줄이려고 하면 소득이 낮아질 것이 분명한 근로자가 먼저 걱정하는 구조이지요. 그런데 진짜 문제는 따로 있습니다. 노조가 파업 후 임금을 인상하면 그 인상분은 하청업체와 하청업체 노동자, 사내하청인 비정규직 노동자가 감당했습니다. 사용자측이 납품 단가 인하, 비정규직 해고 등을 통해 줄어든 이윤을 보전했으니까요. 여기엔 소비자에게 전가된 비용도 숨어 있습니다.

보수언론이 대기업 노조들을 귀족노조라고 부르는 것이 올바른 표현은 아니지만 '나 홀로 고임금'으로 인해 누가 희생되었는지는 생각해봐야 합니다. "한국 대기업 노조들은 높은 임금과 복지에도 왜 여전히 전투적인가?"라는 물음에 사람들은 이렇게 답합니다. "그것으로 자신의 기득권을 지킬 수 있기 때문에."

광주형 일자리의 목표는 신규 일자리 창출에 있기도 하지만 이와 더불어 하청업체의 고용 조건을 증진시키려는 목적도 있습니다. 원청 정규직과 2차 부품사 사내하청 노동자의 임금은 약 5배 차이가 납니다. 이 실험은 성공해야 합니다. 원하청간의 불공정 거래와 이로 인한 소득격차는 사회통합을 저해합니다. 공정하지 않으면 지속할 수 없습니다. 자본주의는 시장의 공정함에 대한 대중의 신뢰가 있어야 지속적인 부를 창출할 수 있습니다. 경영진의 의사결정구조가 글로벌 기준에 맞게 바뀌어야 하는 것도 맞지만 노동계도 기득권을 내려놓고 혁신에 동참해야 할 때입니다.

연대를 부르짖던 1987년의 항쟁을 떠올리면, 지금 그 연대에서 누가 소외되고 있는지 분명합니다. 혼자 살아남을 것이 아니라 다시 연대를 생각해야 할 때입니다. 소득주도성장과 포용혁신성장을 추구하는 문재인 정부는 사회적 연대와 노사정 화합을 고민하고 있습니다. 1998년 노사정대타협은 외환위기 극복의 모멘텀이었음을 우리 모두 기억하고 있습니다. 일자리의 미래가 달라지는 4차 산업혁명의 시점에 와 있습니다. 다시금 노사정 대통합이 필요합니다. 노와 사와 정은 혁신경영의 공동체여야 합니다. 더불어 소득불평등을 개선해야 하는 경제주체여야 합니다.

4차 산업혁명,
기술이 아니라 사람이 답이다

4차 산업혁명을 대비하기 위해선 국가 단위의 혁신이 필요합니다. 정보통신기술이 경제·사회 전반에 융합되어 혁신적인 변화가 일어나면 창조적 파괴가 따라옵니다. 산업혁명으로 토지를 이용해

부를 축적했던 지주들이 몰락했습니다. 또 기계의 등장으로 수공업에 종사했던 많은 숙련 노동자들이 직장을 잃었듯 4차 산업혁명기에도 이런 변화가 일어납니다. 자동차면허가 사라지고 음성인식으로 컴퓨터 마우스가 사라지는 것은 작은 변화입니다. 의료 기술의 진화로 의사가 사라지고 인공지능이 변호사를 대체할 것이라 내다보는 미래학자도 있습니다. 〈포브스〉는 앞으로 20년 안에 세계 100대 기업들 중 절반이 사라지고 새로운 기업이 순위에 진입할 것이라고 예언합니다. 누가 등장하고 사라질지는 정확히 예측할 수 없습니다. 하지만 지금껏 익숙했던 것들이 사라지고 새로운 질서가 생겨날 것임은 분명합니다. 질서를 강요받지 않으려면 능동적으로 먼저 변해야 합니다.

2016년 세계경제포럼에서 발표한 '국가별 4차 산업혁명 준비 평가 결과'에 따르면 우리나라의 대비 수준은 세계 25위에 그쳤습니다. G20 중 하나인 우리가 이렇게 초라한 성적표를 받은 이유는 전통적인 제조업의 비중이 높은 산업구조 때문입니다. 세계가 4차 산업혁명에 대응해 산업구조를 재편하고 국가 단위의 대응전략을 마련하던 지난 10년을 우리는 오히려 제조업을 강화하고 대기업을 우선하는 방향으로 갔습니다. 자동화·기계화에서 상대적으로 안전하다는 화이트칼라 일자리도 생존을 보장하지 못하는 미래가 오고 있는데 말입니다. 아직 늦지 않았습니다. 미래가 다가오는 것은 피할 수 없지만 준비하면 격변을 이겨낼 수 있습니다.

문재인 정부는 '일자리는 늘리고 격차는 줄이며 고용의 질은 높이고 사회안전망은 확장한다'는 정책 기조 아래 4차 산업혁명을 대비하고 있습니다. 사회복지사, 가축방역사, 소방공무원, 경찰 등의 일자리를 늘리는 것은 사회안전망을 확충하고 고용의 질을 높이려는 공공정책의 일환입니다. 국민의 지지와 야당의 협조가 있다면 공공부문에서 임기 내에 81만 개의 일자리가 창출됩니다. 하지만 민간 부문에서의 일자리 확충은 정부 주도로 되지 않습니다. 모방해서 따라가는 것이 아니라 먼저 움직여야 하기에 과거 추격형 경제모델처럼 정부가 주도할 수 있는 여지가 적습니다. 게다가 4차 산업혁명의 진행은 큰 그림만 있을 뿐 세부적인 변화는 예측 불가입니다. 시장의 지혜가 필요하고 시장이 움직여야 합니다. 정부가 할 일은 시장이 역동적으로 움직이도록 정책 방향을 잡고 공정한 경쟁의 장을 마련하는 것입니다.

미래는 기술혁신형 중소벤처기업의 손에 달렸습니다. 아이디어만 있으면 누구나 창업할 수 있는 나라, 실패해도 재도전할 수 있는 나라, 기술력과 시장가치를 알아보고 금융이 먼저 투자하는 나라가 우리 정부가 만들고자 하는 미래입니다. 혁신에 대한 정당한 보상이 주어지고 국민이 스스럼없이 모험에 뛰어들 수 있는 단단한 사회 시스템을 구축하는 것이 우리 정부가 그리는 미래입니다. 기술

구직 대신 창직하라

혁신형 중소벤처의 창업이 활성화되어야 양질의 일자리가 만들어질 수 있습니다. 성공 사례가 많아야 사회 전반에 혁신을 향한 문화가 확산됩니다. 그래야 궁극적으로 대기업이 변하고 사회가 바뀔 수 있습니다. 인재가 인재를 끌어들이고 자본이 기업을 탄생시키는 선순환 구조를 만들 수 있습니다.

21세기는 창의성이 국부의 원천입니다. 창의적인 인재가 경제 성장의 동력이 되는 사회입니다. 지식과 기술, 아이디어를 가진 인적 자본이 성장의 열쇠가 되는 사회입니다. 아마르티아 센의 말처럼 모든 개개인에게는 미래 수익을 창출할 수 있는 잠재 능력이 있습니다. 어떻게 교육받고 어떤 사회에서 성장하느냐에 의해 경제 기적을 일으키는 주체가 될 수 있습니다. 사회 구성원 모두를 포용하는 국가, 반칙을 통한 특권과 기득권이 없는 사회, 공정한 경쟁이 이루어지고 정당한 대가를 받는 나라에서 인재가 나옵니다. 포용해야 혁신이 쏟아집니다.

혁신을 만드는 것도 사람이고 기술의 융복합을 실현하는 것도 역시 사람입니다. 언제나 사람이 먼저인 이유입니다.

구직 대신 창직하라

초판 1쇄 2019년 6월 30일
초판 4쇄 2019년 9월 30일

지은이 김진표
책임편집 박병규
마케팅 김선미 김형진

펴낸곳 매경출판㈜ **펴낸이** 전호림
등록 2003년 4월 24일(No. 2-3759)
주소 (04557) 서울시 중구 충무로 2(필동1가) 매일경제 별관 2층 매경출판㈜
홈페이지 www.mkbook.co.kr
전화 02)2000-2612(기획편집) 02)2000-2636(마케팅) 02)2000-2606(구입 문의)
팩스 02)2000-2609 **이메일** publish@mk.co.kr
인쇄 · 제본 ㈜M-print 031)8071-0961
ISBN 979-11-5542-989-1(03320)

책값은 뒤표지에 있습니다.
파본은 구입하신 서점에서 교환해 드립니다.